文書鑑定人の
極秘事件ファイル

暴く者
暴かれるモノ

吉田公一

主婦と生活社

はじめに

人は一生のうちにどれほど多くの文字を書くでしょう。書かれる文字には、手書きの筆跡ばかりでなく、パソコンで書いた印字なども含まれています。

ハンも同じで、どれほど多くのハンを押しているか、計り知れません。ですが、文書の中には人をダマした文字やハンがあることは、世にあまり知られていません。もっとも、身近にそのようなものがあっては困りますが、世間を騒がせた事件の中には、人をダマす文書がかかわっていることが少なくありません。

偽りの文書を暴く者が鑑定人ですが、暴かれるモノには、模倣や改ざんなどの偽造文書ばかりではなく、それを書いた人も含まれています。疑いがある文書の中には自分が書いた文字を否認している人もいて、そこでは、書いた者と書かれたモノの双方が暴かれることになります。

鑑定人は疑いのある文書の真偽を明らかにするのが役目ですが、本書では、一九五三

（昭和二十八）年から六十五年余りにわたって、著者がかかわった文書鑑定の中から、世間を騒がせた事件を軸に、文書が関与した事件の記録をまとめてみました。

東アジア反日武装戦線による数々の爆破事件やロッキード事件のように世間の話題となった事件をはじめ、不法入国でＦＢＩに捕らえられた日本赤軍の菊村憂や、大韓航空機爆破事件の北朝鮮工作員・金賢姫が持っていた日本国の偽造旅券は、どれもアメリカや韓国などの外国から依頼された鑑定で、それらの国でも大きく報じられている事件です。

ほかには、外国人登録の際の指紋の押捺廃止を決めた中曽根康弘総理と盧泰愚大統領の覚書に関する法務省の水面下の調査のように、世間に知られていない問題もありますが、この著が多くの方々に文書鑑定とは何か、そこではどのようなことがなされているのかを知っていただく糧となれば幸いです。

本書ではプライバシー尊重の面から、登場人物や企業名は原則として仮名としましたが、すでに報道などを通じて世間に開示され、一般に広く知られている方々については、本人の承諾を得ずに実名を使わせていただいたことをお断りします。

暴く者 暴かれるモノ◉目次

第三章　文字にまつわるさまざまな話題

第一章

筆者識別

第一話　無国籍児を救った外国人女性二人のサイン

大阪の繁華街で働いていた女性マージ・カノは、病院で出産した赤ちゃんを女性救援施設の職員に預けたまま姿を消しています。相手の男はまったく不明です。

赤ちゃんは静岡の宣教師、リッキー・ゴードンさん夫妻に引き取られ、ジェイスンの名で市役所に出生届が出されていました。市役所からの連絡を受けて法務省は、数か月にわたって調査を行いましたが、父親が不明で母親の国籍や名前もわからなかったため、同省は国籍法の「父母がともに知れないとき」を適用して届け出を受け付け、戸籍を作るように市役所に回答していました。

まったく同じような事件は、長野県にもありました。フィリピン人と見られた女性は、一九九一（平成三）年に小諸の病院で入院証書にサインをしていますが、出産後、出生届を出さずに姿を消してしまいました。当然、父親が誰かわかりません。長野県に住むアメリカ人牧師のウイリアム・リースさんとその妻は、この子を養子として育てていましたが、無国籍では小学校に入学できません。

第一章
筆者識別

ウイリアム夫妻はこの子の国籍を取得するために手続きを取っていましたが、一九八八（昭和六十三）年の外国人出入国記録に、病院に残された母親と同じ名前のフィリピン女性の名があったことから、アンデレ・ロバート・リースちゃんは、フィリピン人として外国人登録されました。ところが、フィリピン大使館が「母親が証明できないから国籍を認めることはできない」と言ってきたことから、アンデレちゃんは再び無国籍児になってしまいました。

一九九二（平成四）年にウイリアム・リース夫妻は、アンデレちゃんの国籍確認訴訟を起こしていました。一九九三（平成五）年の一審ではウイリアム夫妻の請求が認められましたが、二審では外国人出入国記録にある同じ名前の女性が母親だ、との理由で、ウイリアム夫妻の請求は退けられてしまいました。

岩田弁護士が著者の文書鑑定研究所を訪ねて来たのは一九九四（平成六）年の二月でした。岩田先生は二通のコピーを机の上に広げて「ここにあるサインの筆者が同じかどうかの鑑定をお願いしたいのです」と言います。小諸の病院に残されている入院証書と外国人出入国記録にあるフィリピン女性のサインでしたが、どちらの文書もコピーでしかありません。

「コピーでは確かな結果が得られませんが」と伝えると、岩田先生は「可能な範囲で結構です」と言います。いつもならコピーでの鑑定はお断りするところですが、無国籍児を救おうとする岩田先生の熱意にほだされて、「一応お預かりします」と伝え、二つのサインを検討することにしました。パソコンの画面に岩田先生からお預かりした二通の文書に書かれている二つのサインを拡大してみたところ、サインの書き出しにある大文字の入筆方向や始筆部の運筆状態、「e」や「l」のループ、「t」バーや「·i」ドットの書き方、文字の傾斜や文字の大小と続け書きの方法などが違っていて、似ていると言えるような点は見あたりません。

かつて、座間の米軍基地にいた日系二世の筆跡鑑定士、Mr.ナカムラから「英語のサインは最初の文字の書き出しと、そこからの続け書きと文字の傾きにポイントがある」と教えられていましたが、このサインはまさにそれに当てはまるものです。

扱った文書がコピーでしかなかったことから「筆者が異なる可能性が大きい」としか言えませんでしたが、お出でになって文字の相違点を示す写真を見た岩田先生は

「これで十分です。あとは私が頑張ります」と言って帰って行かれました。

数か月後、岩田先生から電話があって、判決をお知らせいただきましたが、翌日の新聞は大見出しで、「男児に日本国籍を認める」「常識に沿った明快な判決」と報じていました。訴訟の焦点はやはり国籍法にあったようですが、最高裁判所第二小法廷の中島裁判長は「『父母がともに知れないとき』とは、父母のいずれもが特定されていないときを言う」として、一九九五（平成七）年一月二十七日にアンデレちゃんの日本国籍を認める判決を下しています。牧師のウイリアム・リース夫妻は、その後の一月三十日に御代田町役場で戸籍手続きを取ったと新聞にありました。

ジェイスンちゃんやアンデレちゃんらの問題は、表に出た数少ない例と言えましょうが、今日でも、法務省入国管理局が把握している無国籍児は驚くほど多いと新聞が報じています。

第二話　そろって冤罪をまねいた下田事件の四人の鑑定人

四人の鑑定人がそろって誤った鑑定結果を示した冤罪事件があります。

一九四八（昭和二十三）年二月六日、東京発、門司行きの急行列車に載せた清水郵便局宛の書留便が届いておらず、封筒の中にあった小切手の七万余円が二月十日に静岡銀行で換金されていました。この事件での証拠品は、捜査で銀行から押収した小切手で、裏に書かれている「静岡市宮加三五五二、富士合板株式会社、高尾隆」の筆跡と会社名の印影でした。

捜査の過程で、会社名のハンコは静岡市内のハンコ屋さんで作られていることがわかりましたが、印章店の印影控え簿には「清水市入江岡三の五、高尾隆」と、注文主の筆跡が残されていました。清水警察と名古屋逓信局は、書留便を扱うことができる清水郵便局の局員を内偵していましたが、小切手が換金された日が非番であった、亀川明政さんを容疑者と見立てていたようです。

この事件の捜査機関が証拠品として手にしていたのは、小切手と印章店の控え簿、そして逓信局の監察官が亀川さんに三回書かせた「清水市入江岡三の五、高尾隆」と「静岡市宮加三五五二、富士合板株式会社、高尾隆」の筆跡でした。ですが、なぜか、ここに登場する四人の鑑定人に渡された対照資料は、監察官が採取した筆跡の中の「高尾隆」の三文字だけです。この冤罪事件の疑問はここから始まります。

住所と氏名を三回も書かせておきながら、鑑定に使ったのは「高尾隆」の一回の署名だけ、というのはなぜでしょう。ハンコ屋さんの印影控え簿に書かれている注文主の筆跡もあります。住所や社名の筆跡があるのに、それを鑑定に使っていないのはなぜかが、疑問の種です。

筆跡鑑定では同じ人が書いたことがわかっている筆跡が複数であれば、その筆者の書きぐせがわかるのは言うまでもありません。ハンコ屋さんの印影控え簿や監察官が亀川さんに書かせた中の住所や社名を含めれば、対照資料は十分過ぎるほどあったはずですが、それらは一つも使われていません。

亀川さんが書いた筆跡の中で、監察官が小切手の裏書の中の文字と似ていると考えたのが、この三文字の「高尾隆」だったのではないでしょうか。「同一人の筆跡」という鑑定結果を得たいがための仕業だったのかが、大きな疑問点として残ります。

さらにもう一つの疑問点は、「髙尾隆」字の筆跡にあります。「髙尾」の「髙」が書写体の「髙」で書かれていて、行書のくずし書きです。この時点で亀川さんはどのような字が書かれているのかは知らなかったはずですから、逓信局の監察官が「〃タカオ・タカシ〃と書け」と言っただけでは、この字を書けないでしょう。監察官が亀川さんに小切手の裏の文字を見せて、「これと同じ文字を、この通りに書け」と言ったのではないでしょうか。

亀川さんが書いた「髙尾隆」字は小切手の裏の「髙尾隆」字と瓜二つと言えるほど似ています（図1）。この鑑定には、監察官の〃はじめに結論ありき〃があったのでは、の疑問が残っています。

ここで、四人の鑑定に目を移してみましょう。

最初の鑑定は、一九四九（昭和二十四）年三月五日に警察から依頼された、静岡県小笠郡土方村の書家・中谷孝太郎氏が行っていますが、中谷鑑定人は「髙尾隆」の筆跡の筆づかいや字形などを挙げて、結果を同筆としています。

第一章
筆者識別

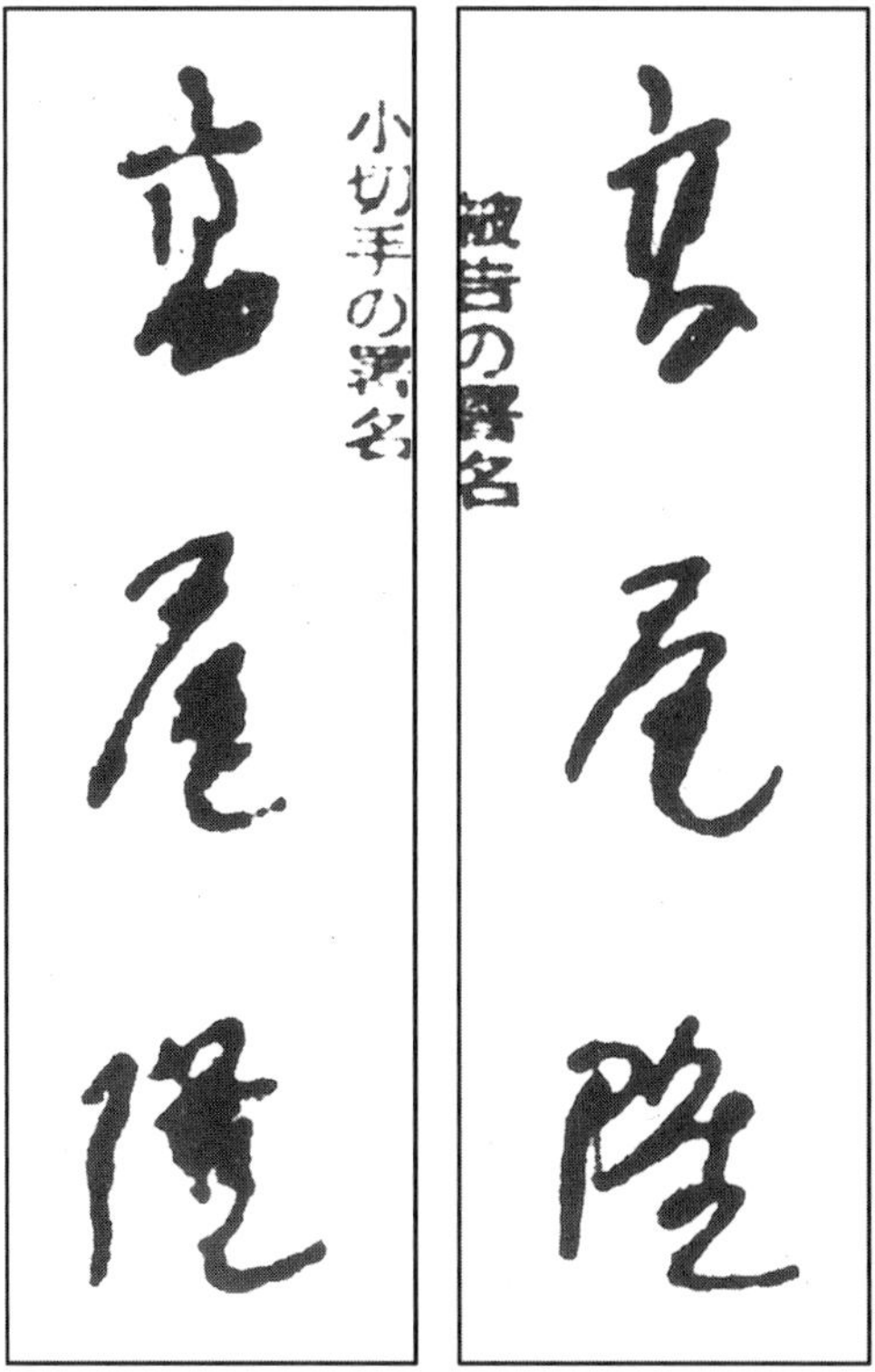

図1　新聞に掲載されている「髙尾隆」の筆跡
左：小切手の裏に書かれている文字
右：郵政監察官が亀川氏から採取した文字

次の鑑定は静岡地裁が東京地裁刑事第三部に嘱託していて、鑑定人には印刻業者の遠藤恒義氏が選ばれていますが、遠藤鑑定人は「同一人の記載になる筆跡と推定」と結論しています。

控訴審で三人目に鑑定を命ぜられたのは、警視庁文書鑑定科の町田欣一技師ですが、一九四九（昭和二十四）年十二月五日の東京高裁の第五回公判で町田技師は、「異なる人によって書かれたものではなく、同一人によって書かれたものと認めるに到った」と証言しています。

弁護人からの申し立てがあって、四人目に鑑定を命ぜられたのは、国警本部科学捜査研究所の高村巌技官でしたが、高村技官は、一九五一（昭和二十六）年一月十二日の第六回の公判で、「決定的な相違点が検出されない」「同筆と判定せざるを得ない」などと述べています。

四人の鑑定人がいずれも「筆者は同一人」と鑑定結果を示していることから、一九五一（昭和二十六）年四月三十日の東京高等裁判所刑事第九部の判決は、「被告人を懲役一年六月に処する」でした。

四人の鑑定人は、問題の小切手の裏に「静岡市宮加三五五二、富士合板株式会社」などの文字が書かれているのに、示されたのが「高尾隆」だけだったのを疑問に思わなかったのでしょうか。これもこの事件の疑問点の一つになるでしょう。

判決通りに服役した亀川さんでしたが、年月がたって保釈された亀川さんは、その年の八月二日に世田谷で偶然、元の同僚で鉄道郵便局員であった川北忠匡にめぐり逢っています。事件後、姿を消してしまった川北は、亀川さんの頭から離れたことのない人物だったそうです。

川北を連れた亀川さんは駐在所を訪れ、そこにいた森田巡査に事情を話して取り調べを頼んでいます。森田巡査が川北に職歴を書くように言いましたが、川北は郵便局勤務を書きませんでした。亀川さんから話を聞いていた森田巡査が「郵便局にもいたのではないか」と言うと、川北は「昭和二十三年一月退職」と書いていますが、森田巡査に「退職は二月だったのではないか、書留の件はどうだ」と問われ、「そのことか」と言って犯行を自供したそうです。

一九五二（昭和二十七）年四月二十四日、最高裁判所第一小法廷は、再審を申し立

ていた亀川さんに、「原判決を破棄する。被告人は無罪」と言い渡しています。事件があってからすでに四年が過ぎていました。

「高尾隆」の文字は監察官が亀川さんに書かせていますし、小切手の裏には「静岡市宮加三五五二、富士合板株式会社」が書かれているのですから、鑑定人の誰かが「対照資料はこれだけですか」と言っていたら、この事件は別の方向に向かっていたかもしれません。証拠品の小切手の裏には住所が書かれているのに、名前だけが対照とされているのを四人の鑑定人は不審に思わなかったのでしょうか。

冤罪をまねいた四人の誤鑑定は、「筆跡鑑定など信頼できない」や「あてにならない」として、その後長い間、法廷での反論に利用されています。

この結果をまねいたのは鑑定人の誤鑑定もあるでしょうが、犯人の決定を急いだ逓信局の監察官だったのではないでしょうか。無罪となった亀川明政さんは、その後、郵政監察官を拝命しており、さらに郵便局長も務めています。

第三話　満州国皇帝・愛新覚羅溥儀を裁いた国際軍事裁判

第二次大戦後、一九四六（昭和二十一）年五月三日から一九四八（昭和二十三）年十一月十二日にかけて、連合国が市ヶ谷の旧陸軍士官学校の講堂を法廷として行った、俗に「東京裁判」と言われる極東国際軍事裁判では、元内閣総理大臣の東条英機をはじめ、二十八名の被告が裁かれていますが、この裁判では、元満州国皇帝の愛新覚羅溥儀の証言の真偽も問題となっていて、それを暴いたのは筆跡鑑定でした。

東京裁判は、溥儀が陸軍大臣・南次郎大将に遣わしたという信書の真偽鑑定を、国家地方警察本部科学捜査研究所の高村巌技官に命じていますが、これは溥儀が証言で「自分は日本に強制されて皇位についたもので、決して自由意思からではない」として、南次郎大将にあてた信書は自分が書いたものではないと主張していたためで、裁判長のウエッブが、「信書の原本があるのなら、その真偽を確かめるべきだ」と言っていたことによります。

信書は漢文で書かれていたそうですが、その内容は、「今次満州事変に對《たい》する國民政府の處置《しょち》は妥當《だとう》を欠《か》き友邦と戦いを開き民衆を苦しめているのは余の苦しむところである。茲《ここ》に皇室家庭教授遠山猛雄を日本に派遣して現陸軍大臣南大将を慰問せしめ余の意中を傳《つた》える。我が朝（清朝）は民衆の苦しみを見るに忍びず民国元年の革命により政権を漢族に渡しすでに二十年を経過したが、現実は我が朝の意圖《いと》に反している。東京を強固ならしむるには日支両国が提携しなければ完全に責任を果たし得ない。前途の障碍《しょうがい》を徹底的に解決しなければ禍根を残し晏如《あんじょ》たり得ず共産軍が横行して災難は盡《つ》きない。この點《てん》に関し余は日夜心配している。時局多端の折から勉励を望む。辛未《かのとひつじ》昭和六年九月一日」だったと言われます。

高村技官が命ぜられた鑑定は、この親書が溥儀の言うように「ニセ物」なのか、それとも溥儀が自筆を否認しているだけなのかを明らかにするためでした。

一九四六（昭和二十一）年八月二十九日、ソビエト大使館を訪れた高村技官は、そこに抑留されていた溥儀に、指定した文字を三回書かせ、それを筆跡鑑定の対照資料としていますが、鑑定結果は「同一人により書されたるものと認める」でした。溥儀は罪を逃れるために、自分が書いた信書を否認していたようです。

裁判の結果、有罪となった溥儀はソ連軍の捕虜となって、身柄を中華人民共和国に引き渡されていましたが、その後、撫順の戦犯管理所に勾留され、一九五九（昭和三十四）年に釈放されたそうです。

自身が書いた文書の否認は今日でもしばしばあって、筆者識別がなされています。

第四話　政界の騒ぎに巻き込まれた竹下登の念書の鑑定

自民党総裁選が迫った一九五五（昭和三十）年の予算委員会で、竹下登元首相は、「〝私は田中角栄を守ることを諸君に約束する〟などの念書は書いたことはない」と証言していましたが、同じ自民党の浦田参議院議員は、「念書は竹下氏が私の面前で書いたものだ」と反論しています。

日が落ちてあたりが暗くなり始めたころ、電話が鳴って、受話器を取ると男の声で、「モシモシ、文書鑑定事務所ですか、私は自民党のものですが、大至急、竹下先生の署名の鑑定をお願いしたいのです。新聞でご欄になっているでしょうが、今日の国会で問題になっていますので」とあわただしく言ってきています。「夜分、恐れ入りますが、これからそちらへお伺いいたします」とも言っています。電話の主は「警察庁ＯＢの金田」と名乗っています。自民党なら永田町あたりからの電話でしょうが、「これから大宮の鑑定事務所まで来る」と言うのです。新聞を広げてみると、ありました。竹下さんが書いたという念書の写真が載っています。

一時間ほどして電話の主が現れましたが、金田さんが持ってきたのは新聞の切り抜きでしかありません。「お願いしたいのは、ここに載っている写真の筆跡ですが、原本はほかの議員が持っているのでこれしかないのです」と言います。警察庁のＯＢなら、これだけでは筆跡鑑定ができないくらいのことはわかっているであろうに、と思っていたら、「今日も国会で問題にされているので、お願いすることになったのです。可能な範囲で結構ですので目を通していただきたいのです」と言います。

命ぜられてきたのだろうから、何としても置いて帰らねばならないのでしょう。気の毒に思い、「一度、拝見しましょう」と言ったら、「無理なお願いをして大変恐縮ですが、月曜の国会に間に合わせたいので、日曜の夜、結果をいただきに伺います」と頭を下げられてしまいました。今日は金曜日だから時間はいくらもありません。

金田さんは、「これは今日、竹下先生が書いたもので、時間を置いて三回ずつ書いています」と言って用意してきた対照とする筆跡を出しました。警察庁のOBというだけあって、対照資料の採取に手落ちはありません。署名の一方は行書、ほかの一方は草書に近いくずし字で書かれています。金田さんが帰るのを待って、資料に目を通してみました。

新聞写真の文字を見るだけと思っていましたが、竹下さんの署名はどれも「下」が極端に小さいのに、念書の「下」は「竹」よりも大きく書かれています。計測ソフトを使って署名の文字列を検査してみると、竹下さんの「竹下登」字は文字間隔が広いのに、念書の署名は文字が接近していて、署名の配字には違いがあります。

「オヤオヤ」となって、これは見る価値がありそうだと考え本文を見ると、竹下さんが書いた「田」字の〝土〟部は、「横・縦・横」の筆順で、縦画と最後の横画が続けて書かれていますが、問題の念書の「田」の〝土〟部は、「縦・横・横」で二本の横画が連続しています。両者の筆跡は、筆順と続け書きがまったく違っています。

〝角栄〟の「角」と〝諸君〟の「君」、〝約束〟の「約」にも大きな違いがありました。

竹下さんの「角」は、〝土〟部の二本の横画が極端に短く、左右の縦画から離れて内側に書かれていますが、念書の「角」の〝土〟部は下の横線が極端に長く、両端が左右の縦画の外にはみ出しています。

竹下さんの「君」は左に払う第四画と〝口〟部が重なっていて、〝口〟部が大きく書かれていますが、念書の「君」の〝口〟は第四画の右に離れて小さく書かれています。竹下さんの「約」はどれも〝糸へん〟の下の部分が点で書かれているのに、念書の「約」は〝糸へん〟の下に〝小〟がハッキリ書かれています（図2）。

新聞の写真では文字の骨組みを比べるだけですが、これだけ違っていれば念書の筆跡と竹下さんの筆跡とは筆者が違うと言えるでしょう。

竹下さんの筆跡はどれも自然に書かれていて、三回書いたものに変動がありませんから、竹下さんが自分の筆跡を隠しているとは思えません。ですが、比べている文字の一方は新聞写真でしかありませんから、これは鑑定とは言えず、検査に過ぎません。結果は、「竹下登の筆跡と念書の筆跡は、書いた人が違う可能性がある」が限度でしょう。

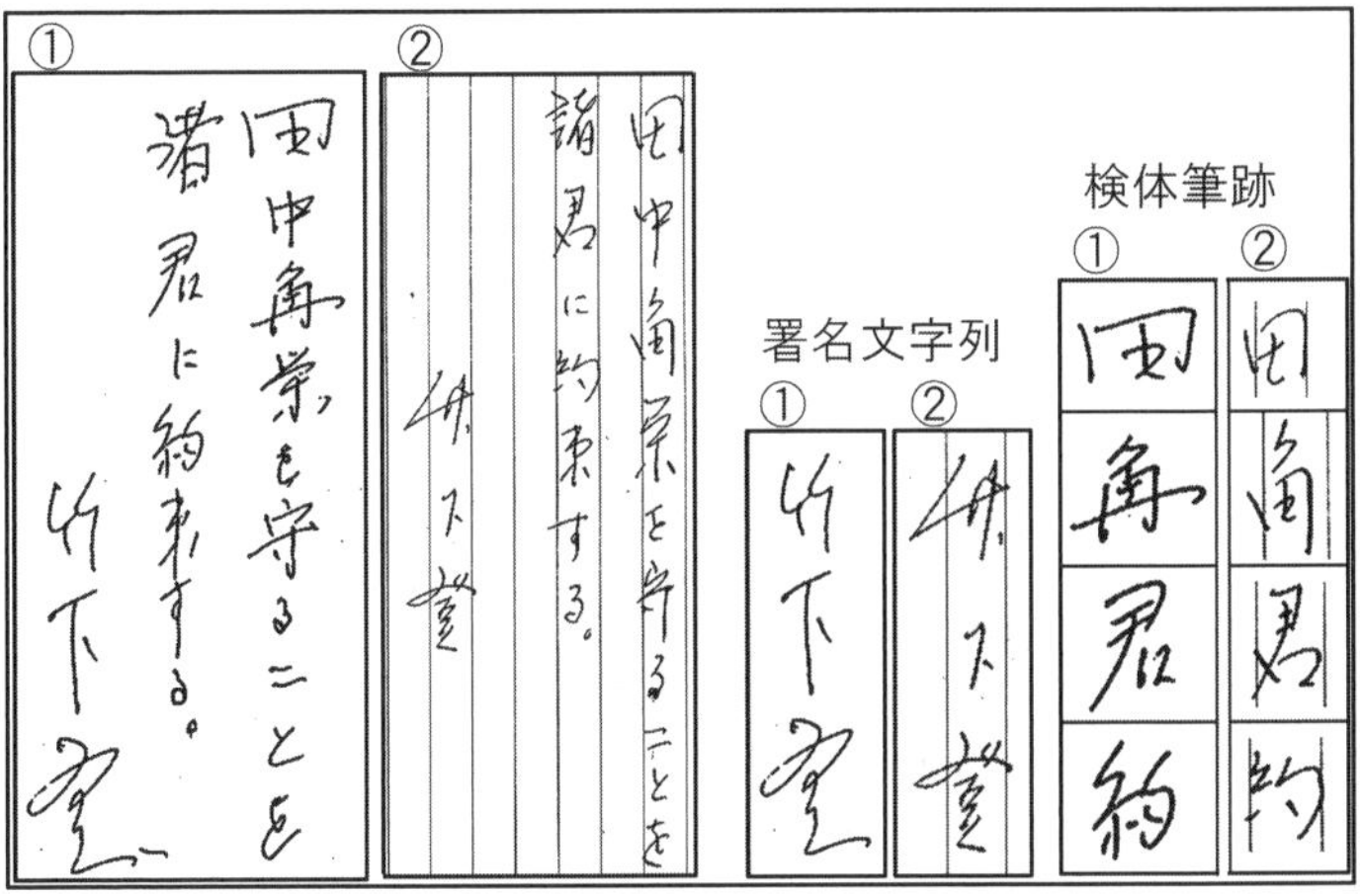

図2　「竹下登」議員の筆跡鑑定に使用した念書の筆跡

①「竹下登」が書いたといわれる念書（筆者が不明の筆跡）

②対照資料として「竹下登」本人が記載した筆跡

右の枠内にある①②の筆跡の比較

「署名文字列」：配字の検査

検体筆跡の比較検査

「田」字："土"部の筆順の違い

「角」字："土"部の下の横線の長さの違い（字画構成）

「君」字："口"部の位置の違い（字画構成）

「約」字："糸へん"の"小"部の運筆状態の違い（字画形態）

日曜の夜、金田さんが現れて、結果を見た途端に、「これで十分です。お休みの日にお騒がせいたしました」と言って、検査結果の説明書と違いを拡大して示した筆跡の写真を持って急ぎ足で帰って行きました。翌日の朝刊を見たら、「念書の問題は後を引きそうで、文書鑑定家の吉田氏に筆跡鑑定を依頼する予定」とありましたが、このとき、結果はすでに自民党の手にあったはずです。

この騒ぎ、十二月三十日の夕方、浦田議員が国会記者団に「当時を思い出したら、私の思い違いだった」と言って前言を取り消したそうですが、「面前で書いた」の発言が「思い違いだった」は、政治家の軽々しいひと言でしょうか。自民党内の派閥争いに巻き込まれたような二日間でした。

第五話　第二次大戦後の「新教育勅語案」、筆者は誰だ

わが国が連合国軍の占領下にあった当時の教育史を調べていた国立国語研究所教育史料調査室長の佐藤秀夫さんと、名古屋大学教授の鈴木英一さんは、一九八〇（昭和五十五）年に、スタンフォード大学のフーバー研究所の史料館で、「大東亜戦争後の

教育に対して下し給える勅語」と題する、教育勅語の原案らしいものを見つけています。お二人は「この文書は、おそらく元同志社大学文学部神学科教授の故・有賀鉄太郎氏が書いたものであろう」と考えたそうですが、筆者を特定できる資料が見つからなかったそうです。二人が確かめる手段として思いついたのが筆跡鑑定でした。

一九八二（昭和五十七）年二月、国立国語研究所から鑑定を依頼された新教育勅語案は、美濃判の罫紙二枚に毛筆で、楷書の漢字とカタカナが縦書きされていました。対照資料の文書は、有賀教授が文学博士の学位を取るために、一九四三（昭和十八）年に京都大学に提出した本人の履歴書でしたが、こちらも、楷書の漢字とカタカナが毛筆で縦書きされています。

「新教育勅語案」の中から同じ字体の文字を拾い出してみたら、どの文字もよく似ていて書き方が安定しています。履歴書にも筆跡の変動がなく、比較検査への支障はありません。書き方や字形、字画の形や点と線の組み合わせが似ていたことから、新教育勅語案と履歴書の筆者は同じであろう、と考えましたが、これらの文書の筆者を同一人と判断したのには理由がありました。

新教育勅語案には「學」が二字、一方の履歴書には「學」が十七字も書かれていましたが、両者の「學」は字形が似ているばかりでなく、意外なことが一致していました。新教育勅語案では最初の「學」は旧漢字、次の「學」は書写体の漢字で書かれています。履歴書には数行にわたって大学名と学部名が書かれていますが、各行に書かれている「大學」の「學」は旧漢字であるのに、「學部」の「學」は書写体で、どの行も旧漢字と書写体の組み合わせで書かれています。

新教育勅語案と履歴書は「學」字の書体の組み合わせが同じです。さらに両者とも、書写体の「學」は上の部分の字形が異体字状で、字形も共通しています。また、この書写体で書かれた異体字の「學」は、くずし方もほとんど同じで、希少性があると言えるでしょう。これらのことは偶然の一致ではなく、筆者の書字傾向の一致と言えるものと考えられました。ほかの部分の筆跡の比較検査も終えて、新教育勅語案と履歴書の筆者は同一人であると判断しています。

佐藤さんと鈴木さんのお二人はこの鑑定結果を踏まえて、新教育勅語案の記載者を有賀鉄太郎氏として、論文を学会誌に発表しています。有賀先生が同じ文書の中で、一方の「學」字を旧漢字、もう一方を書写体としていたのはなぜでしょう。そちらの方が知りたい鑑定でした。

第六話　土田邸爆破事件、背伸びが過ぎた大学教授の筆跡鑑定

その昔、弁護士の播磨龍城先生は『龍城雑稿』の中で鑑定書について、「断定に重きを置きて理由を粗略にする」「全く断定丈で、理由を欠如するのがある」などとしていましたが、今日でも弁護士の大塚一男先生は、「結論を出すことが急で、無理な結論になっていないか…」と言っています。

土田國保警視庁警務部長（当時）邸に友人からの贈り物を装って届けられた小包爆弾が爆発し、民子夫人がお亡くなりになった土田邸爆破事件では、小包の荷札に書かれている筆跡が唯一の証拠品となっていました。

事件の主犯は元法大生だと言われていましたが、彼の筆跡鑑定を行うことになって、最初の鑑定は、おひざ元の警視庁科学検査所の筆跡担当者が扱っています。ところが、この荷札の筆跡は、一つの文字を二人で書いた可能性があると考えられるもの

でした。一人が縦画を書き、ほかの一人が横画を書いていると考えられるもので、個人の筆跡と言えるようなものではありませんでした。極端な韜晦《とうかい》筆跡と考えた担当者は、この文字は一人が書いたものではないと判断し、「この筆跡は鑑定で扱うことができない」を結論として示しています。

警視庁のこの鑑定結果を不十分とした検察は、荷札の鑑定を東北地方の大学教授に依頼していましたが、この鑑定で同教授は、荷札の筆跡と元法大生の筆跡について、「筆者は同一人と認められる」と断定的に結果を示しています。

その後の裁判で東京地裁に出廷したこの教授は、被告側の弁護人に「同一人と認める」とした根拠を厳しく追及されていますが、答えとして「同一人の可能性がある」「推理ではそうなる」などと曖昧な発言をして自らの鑑定結果を後退させています。

鑑定の結果を「推理ではそうなる」などとするのはとんでもないことで、あってはならないことですが、同教授には、「警視庁が駄目と言うのなら、私が決めてみせよう」という自負があったのかもしれません。鼻高々で背伸びをした鑑定だったようですが、「推理ではそうなる」などの証言は、答えに窮した末の発言だったのでしょう。

大きな事件を扱ったことで名声を得ようとした面もあったようですが、鑑定結果は推理などで示せるものではありませんし、推理による判断などあってはならないことです。同教授は、鑑定では〝ハッタリ〟は通らないことがわかったでしょうか。

被害者のおひざ元である警視庁の筆者識別の担当者が鑑定できないとしていて、普通に書かれた筆跡などと言えないようなものを捉えて「筆者は同一人と認める」と断定し、その根拠は「推理」などとするとんでもない鑑定人がいることは、世間が知らねばならないことでしょう。

そういえば、先の播磨龍城先生の『龍城雑稿』には、「学者の鑑定は駄目」の発言もあります。

第七話　誤用の漢字が決め手となった父親の遺言書

東京の文京区に住む太田勲さんは、信州のS温泉の老舗旅館の主人・太田富雄さんと仲居の間にできた子で、認知はされていましたが、本妻の子供たちとは別に育てられていました。現在は結婚した相手の母親と三人で文京区に住んでいます。

父親が脳梗塞で急死して葬儀が終わったとき、勲さんは異母兄から、文京区の土地と家は父が買ったものだから、立ち退けと言われたそうです。家は勤め先の小学校に近いから児童たちが年中遊びに来ていますし、これから家を探すなどは、勲さんにとっては大きな負担になります。ですが、勲さんには、父の富雄さんから「俺にもしものことがあったときは、これを持って〝中〟のところに行け、中には話してあるから」と言って渡されていた白い封筒がありました。

〝中〟こと、中里弁護士は父の小学校から高校までが一緒の親友で、父の富雄さんが東京に来たときには必ず、「中を呼べ」と言って勲さんの家に中里弁護士を呼んで杯を交わしていたそうです。

勲さんが白封筒を持って中里法律事務所を訪ねると、中里弁護士は勲さんが話を切り出す前に、「わかっているよ、中味は遺言書だ。俺は富に頼まれていたから封を切らずに検認に行こう。お前の来るのを待っていたよ」と言って、一緒に裁判所に行ってくれました。親切に、と思ったら、中里先生は、「俺がここに法律事務所を出せたのは、お前の親父が山の木を売って力になってくれたからだよ」と話してくれました。「そんなことがあったのか」、です。

勲さんは父の初七日に、遺言書と検認証書を持ってS温泉の異母兄たちを尋ねています。事情を話して持って行った遺言書を出したら、異母兄は、「オヤジが書いたものではない。お前が偽造したものだろう」と言って持っていった書類を突き返したそうです。

勲さんが中里弁護士にこのことを話したことから始まったのが、この遺言書確認請求の民事裁判です。勲さんの話を聞いた中里弁護士は、遺言書の真偽を明らかにするために筆者識別を行うことにしました。「とんでもない奴らだ、親のしたことにケチをつけるなんて」と怒ったのは、ほかならぬ中里弁護士でした。

遺言書と対照するために勲さんが裁判所に出したのは、父親からの三通の年賀状でしたが、住所や名前は印刷されているので、筆跡は勲あての住所と名前だけでした。中里弁護士は、「年賀状は俺のところにもあるから、これも一緒にしろ」と言って、年賀状三通を提供してくれました。S温泉の異母兄からは、富雄さんが毎日書いていた旅館の備忘録と日記帳が対照資料として提出されています。

裁判所の民事部から鑑定命令があって、送られてきた文書類を見た鑑定人が最初に気付いたのは、勲さんが提出した年賀状でした。達筆で書かれていましたが、宛先はどれも「東京都文教区…」と書かれています。「京」に代わって「教」が書かれているのです。念のために中里弁護士が提出した年賀状を見ると、こちらも「文教区…」と書かれていて、「文京」と書かれたものは一通もありませんでした。一時的な誤りではなく、太田富雄さんは「文京区」を「文教区」と間違えて覚えていたようで、この誤りには変動がありませんでした。

異母兄が出した日記帳を繰ってみると、こちらにもありました。日記には、「文教区の勲の家で中と一杯やって…」があり、備忘録の中の住所録には、「文教区千駄木…太田勲」「文教区本郷…中里法律事務所」などと書かれています。文京区には東京大学をはじめ多くの有名大学が軒を並べているので、太田富雄さんは、教育の「教」が区の名前に使われていると思っていたのでしょう。

「教」の誤用が決め手となって遺言書確認事件の裁判が終わりましたが、遺言書を書いた本人が確かめられたことを喜んだ中里弁護士は、「俺は知っていたが、手紙が届くから富に言ったことはなかったよ。とんでもないことが決め手になってくれたな」と言った後で、「富に間違いを教えないでよかったなあ」と、勲さんの肩を叩いて笑っていたそうです。

文京区の「京」を「教」とした誤用が鑑定の決め手になったことから、S温泉の異母兄は手を引いたそうですが、ほかの筆跡も検査した上で、鑑定結果を「遺言書の筆跡と対照資料の筆跡の筆者は同じ」としていたのは言うまでもありません。

第八話　借用証書の署名を否認した連帯保証人

「俺は借用証書の連帯保証人などになったことはない。小出は小学校からの友達だから、店にはときどき飲みに行ったが、保証人など頼まれたことはない」というのが被告・成田敏男の法廷での主張でした。

小出久夫は町の繁華街でバーを経営していましたが、店をリフォームするからと言って銀行から三百万円を借りた直後に、店を売り払って姿を消していました。バーを買った現在の経営者は、「店は不動産屋を通して買ったものですが、言い値が安かったので、小出さんには現金で直接支払いました」と言っているそうです。

鑑定人に裁判所が命じたのは、銀行が所有する小出久夫の金銭借用証書の鑑定でしたが、鑑定の対象とされているのは、借用書の連帯保証人欄に書かれている「成田敏男」の署名でした。成田が「連帯保証人欄の署名は俺が書いたものではない」と否認していたので、銀行が成田を相手に訴訟を起こしていたのです。

銀行が所有する小出の借用証書と、成田敏男の裁判所の出廷カードと宣誓書、それと、裁判官の命令で成田が法廷で三枚の紙に書いた「成田敏男」の署名が鑑定の対象でした。借用証書に書かれている「成田敏男」の筆跡を見ると、大変なくせ字で、特に「敏男」の文字は特徴的と言えるほど稀少性のある書き方でした。「成」や「田」は普通に書かれていますが、「敏」は「母」部の横画（第六画）と〝つくり〟の「攵」部の横画（第八画）が続けて書かれていて、その部分が「又」字のように見えますが、第九画は続け書きされた第八画と交差しています。こんな書き方など、めったに見られるものではありません（図3）。

「男」は〝田〟部の第三画と〝力〟部の第七画の上下の縦画が続けて書かれています。

図3　運筆状態に特異性がある「敏」字の筆跡
第6画と第8画が連続運筆（矢印の部分）
第7画の筆順の違い
第8画と第9画の交差

署名を特徴付けるために、あえてこのような書き方をしているのでしょうか。「男」字の縦画の連続はほかにもときどき見ることがある書き方で、珍しいとは言えませんが、成田敏男の書きぐせとは言えるでしょう。

成田が法廷で書いた三枚の採取筆跡を見ましょう。「成田」は借用証書と同じですが、「敏男」は常用漢字で書かれていて、借用証とは書き方が違います。筆跡鑑定を意識しているのでしょうか。

ところが、出廷カードを見たら、ありました。「敏」の第六画と第八画が続けて書かれていて、その部分が「又」状ですし、第七画は後から書き足されています。さらに「男」も第三画と第七画が続けて書かれています。どれも借用証書の連帯保証人欄の筆跡と同じ書き方です。出廷カードは裁判所に着いたとき、筆跡鑑定など考えずに普段と同じに書いていたのでしょう。

鑑定人とすれば、「これは使える」でした。採取筆跡を書いた三枚の紙の裏には「この筆跡は私が書いたことに相違ありません」と印字されていて、その下に氏名を書く欄がありますが、こちらはどうでしょう。見ると、一枚目の「成田敏男」字は借用証書と同じように書かれていますが、二枚目と三枚目の署名は楷書で書かれています。最初の一枚は筆跡鑑定のことなど忘れて、普段の通りに書いてしまったのでしょう。

　ここに署名欄があるのは筆跡を採取する側の策で、対照資料の採取では常用している方法です。成田はこの罠にはまったようですが、気が付いたのか、二枚目と三枚目は楷書で書いています。法廷で裁判官に言われて書くときは筆跡鑑定を意識していても、それが終わって裏面の署名を書くときはリラックスして書くのは、これまでにほかの事件でたびたび経験していることですから、鑑定人は筆跡を採取するときにこの手を使いますが、成田は鑑定人の策にまんまとはまってしまったようです。「敏」や「男」の変わった書き方が決め手となって、「借用書の連帯保証人欄の成田敏男の筆跡は本人の筆跡と推定する」が、この鑑定の結論となっています。

　友人の小出に頼まれて、こんなことになるとは考えずに連帯保証人欄に署名をしたのでしょうが、銀行での三百万円の借金の責務が自分に振りかかってきたので、書いた自分の署名を否定していたようです。自分の署名を否認した成田ですが、立場を変えて見れば、成田は小出にダマされた被害者でもありましょう。自分が書いた署名を否認した事件の筆跡鑑定は、契約書や借用書などをはじめ、この事件のほかにもしばしばあることで、珍しいことではありません。

第九話　ウソがバレて弁護士をクビにした小料理屋の女将

仙台の金子弁護士から電話があり、「先生、突然ですが、ご覧いただきたいものがあるので、お訪ねしてよろしいでしょうか」と言ってきました。「私の依頼人の筆跡ですが、対照資料として使えるかどうかで思案しているので、先生のご意見を伺いたいのです」とのこと。旧知の先生でもありますし、仙台からなら新幹線があります。「お待ちします」と伝え、約束の日に現れた金子先生は、「私の依頼人は、仙台市内で小料理屋をしている女性なのですが、被告になっています。争いというのは、金の貸し借りです。借用書の筆跡が問題で、借り手である私の依頼人の署名が争われているのです。原本は相手の金融会社が持っているので、コピーしかありませんが」と言いながら鞄から出したのは、金銭消費貸借契約書と受領証でしたが、いずれもカラーコピーです。契約書と受領証に書かれている女将の署名が問題の筆跡だと言われますが、女将さんは「金など借りたことはない」と言っているそうです。

金子先生が問題としていたのは、対照用として女将さんが家で書いてきたという署名でした。白紙に横書きで三回、依頼人の女将の氏名が書かれていますが、三回の署名には運筆の違いや筆順の違いがあって、点や線の反りなどにも差があります。筆跡には個人内変動がありますが、ここに三回書かれている筆跡は変動の範囲を超えていると言えるでしょう。契約書と受領証はカラーコピーですが、こちらに書かれている署名はほぼ同じで、大きな違いはありません。

「先生、この人が書いてきた三回の署名は違いが多すぎますね。先生の面前で本人に書いてもらうのはいかがでしょうか。その方が証拠価値も大きくなるでしょう」と提案してみました。「そうですか、やっぱり。分かりました、そのようにしてみましょう」と納得された金子先生は、資料を持って帰って行きました。金子先生が持ってきた筆跡には、韜晦《とうかい》筆跡の可能性があるようでしたが、一見しただけなのでそこまでは言えません。

一週間ほどして、金子先生から電話がありました。「いかがでしたか」と尋ねたら、先生は、「先日は大変ありがとうございました。結局、私の前で書くことは断られました」と話し、続けて「一昨日、私は依頼人から弁護人を解任されました。お陰で助かりました」とも言っています。

そうか、やはり…。あれは借金を否認するための韜晦筆跡だったのか。筆者識別を意識したために打った芝居がバレたので、弁護人を解雇したのでしょう。金子先生が「お陰で助かりました」と言ったのは無理もないことです。

この依頼人は、また別の法律事務所で、同じ芝居を打つかもしれませんが、このようなお芝居はこの事件に限ったことではありません。ほかにも同じようなことが幾つもあって、何人かの先生が解任されていますが、その中の一人、太田市の山本先生は、「依頼人はお客様だから疑うのはどうかと思うが、わが身を守ることも大切だからね！」「裏を確かめてみないとね！」と言っていたのを思い出しました。

依頼人の悪知恵、こちらには経験があるから承知はしていますが、目の前で起きているのを見逃すわけにいきません。

第二章
世間を騒がせた文書事件

第一話　不法入国でＦＢＩに捕らえられた日本赤軍の菊村憂

一九八八（昭和六十三）年の夏、ＦＢＩの捜査官トーマス・ジョーブズとニュージャージー州連邦検察の副検事ジョン・レーシーの二人が来日しています。トーマス捜査官は「私はＦＢＩのテロリスト専門の捜査官で、この事件は日本のレッドアーミーが相手です」と自己紹介をした後で、「一九八八年四月十二日、ニュージャージー州ハイウエーのハッケンザックサービスエリアに車を止めていた男（菊村憂）は、州警察のパトロールが来たのを見て、あわてて茶色のマツダを発進させようとしたそうです。不審に思ったパトロールの警察官が菊村の車を止めて尋問したら、トランクから三本の消火器爆弾と三・六キロの黒色火薬や起爆装置、導火線やタイマー、鉛の散弾などが見つかりました。警察官は、消火器爆弾所持の現行犯で菊村を逮捕していますが、このとき、菊村が警察官に見せたのがこのパスポートです。これが偽造なら、菊村はアメリカに不法入国したことになります。私たちの捜査では、このパスポートは一〇〇パーセント、ニセモノです。日本の外務省に尋ねたら、この番号の旅券は京都で交付されたもので、すでに紛失届が出ているそうですが、顔写真は私が本人を確認しているから、菊村憂に間違いありません」。

トーマス氏の説明が終わるのを待っていたようにレーシー副検事が「パスポートが偽造である事実を証明してほしい」と言います。ですが、レーシー副検事は「これは極めて重要な証拠品なので、われわれには旅券を管理する義務と責任があって、ここを離れるわけにいきません」とも言います。昼食も、二人が交代で近くのホテルに食べに行く始末です。二人は夜になると旅券を持ってホテルに帰ってしまうので、検査は夜半まで続きました。

ＦＢＩからの依頼があって、日本の警察が取り寄せた旅券の元の持ち主のサインと旅券の所持人欄のサインを比べてみたら、筆者は同じでした。菊村は顔写真を貼り換えただけの旅券で、本来の持ち主に成りすまして国から国へと渡り歩いていたようです。旅券の出入国スタンプによると、一九八七年四月十日にマドリードのバラハス空港から出国し、翌日、ユーゴスラビアに入国、一九八八年二月二十二日にミラノでフランスのビザを取り、二十三日にはパリのシャルルドゴール空港からフランスに入国していますが、その年の二月二十九日には、パリでアメリカの入国ビザを手に入れ、三月九日にニューヨークのケネディ空港からアメリカに入国しています。

こまめに動き回っているようですが、これは所在を突きとめられないための日本赤軍の手口だそうです。旅券には一九八六年十二月二日に成田から出国し、翌年五月八日に成田に帰国、一九八八年一月二十三日に再び成田から出国などのスタンプが押されていますが、出入国管理局にはこの旅券番号の出入国の記録はないそうです。

外務省から取り寄せた真正日本国旅券の見本と比べてみると、菊村が持っていた旅券は本物です。鑑定の対象は顔写真の貼り換えと、成田の出入国スタンプだけということになりました。菊村憂の顔写真には本物と同じようにラミネートフィルムが貼られていて、その上に外務省の凹凸文字のプレス印が二個押されています。このプレス印は二個の印を一体として同時に押すのが外務省の方法ですから、位置と方向がいつも同じですが、菊村の旅券のプレス印二個は外務省の見本と一致しています。

問題は顔写真の貼り換えだけに絞られました。ですが、斜光線の照明による実体顕微鏡検査で数分後にはこの問題が解けています。

第二章
世間を騒がせた文書事件

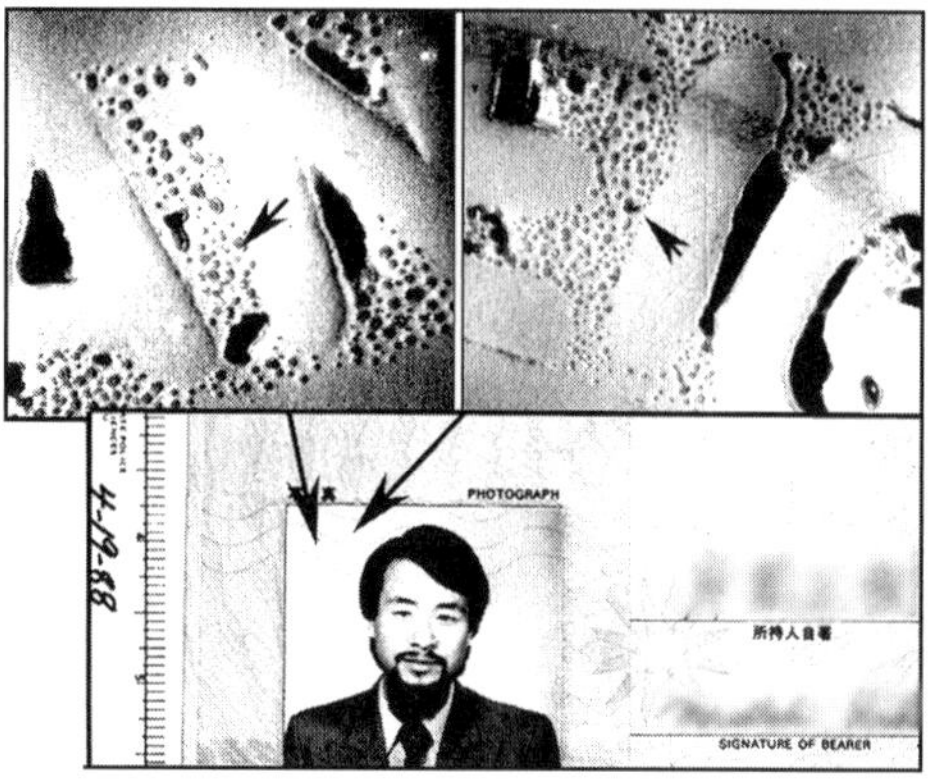

図4　日本赤軍の菊村憂が持っていた偽造日本国旅券の
写真を貼り換えたページ
上の左右：ラミネートフィルムに残されたプレス印の痕跡写真
（矢印で示す点状の部分は写真の貼り換えで生じた気泡）
下：菊村憂の顔写真と本来の持ち主のサイン

フィルムにプレスされている凸状の文字の下に気泡があって、ラミネートフィルムに押されている文字が写真から離れています（図4）。真正旅券では、写真にラミネートフィルムを貼った後でプレス印を押しますから、写真とフィルムの間に空気が入ることなどありません。

この偽造旅券では、写真を貼り換えた後でフィルムを貼っていることになりますが、フィルムを写真に密着してしまうと、プレス印の文字がなくなってしまうので、そのままにしてあるのでしょう。フィルムにあるアルファベットの凸状文字は、気泡で膨らんでいるに過ぎませんが、気泡文字の下にある顔写真を見ると表面が平らで、プレス印の跡などはありません。気泡による空洞の存在と写真の表面に凹凸がないことを示せば、顔写真の貼り換えは合理的に証明できるでしょう。この状態を写真に撮って、顔写真の貼り換えの事実を証明していますが、側で見ていたトーマスとレーシーの二人は手を叩いています。ニセのパスポートが証明されたからでしょう。

成田空港の出入国スタンプはお粗末なものでした。芋版でも作って押したのでしょう。中にはスタンプを真似て手描きしたものもありました。

鑑定が終わって、ＦＢＩの二人に記録した写真を渡しましたが、二人は最初から最後まで検査を見ていたのですから、説明はいりませんでした。写真の貼り換えによる偽造が解明されて、菊村の偽造パスポートを持った二人は、八月十二日に親指を立てて、笑顔で成田に向かっています。

私にとって、この事件はここが終わりではありません。アメリカは陪審裁判ですので、鑑定人の出廷は義務付けられています。一九八八（昭和六十三）年十一月、アメリカから鑑定人の呼び出しがあって、在日アメリカ大使館からノースウエストの航空券が届きました。十一月二十五日に成田を発って、翌朝ニューヨークのケネディ空港に着いたら、ブリッジにトーマス捜査官が待っていました。

入国審査も税関手続きもないまま、空港内に止めてあったＦＢＩのワゴンに案内され、ニューアークのホテルに直行です。ホテルに着いてみると、最上階をＦＢＩが独占していて、一階と最上階のエレベーターの乗降口にはいつも捜査員がいました。あまりの物々しさに驚いていたら、トーマス氏が、「証人の貴殿を日本赤軍に拉致されないためだ」と言います。証人を拉致されたら、菊村との人質交換になってしまうからということで、その後の私は軟禁状態となってしまいました。

連邦検事のアリトーが現れて、裁判のルールや宣誓方法を説明した後で、ワシントンのＦＢＩ本部から来た、日系二世のジミー・ナカダ氏が紹介されました。彼は、東京の上智大学に留学していたそうで、私の鑑定書を翻訳した人でした。日本で旅券の検査を見ていたトーマスも、アリトーも、ナカダさんの翻訳内容を納得しています。

裁判の当日、私とナカダさんは、ＦＢＩの捜査員が運転するワゴンでアリトー検事の事務所に向かいました。独立した大きなビルで、捜査員が無線で連絡をすると、壁のように見えていた鉄の扉が中から開いたのは驚きでした。事務所を襲われないためで、防弾ガラスの中から来訪者を見て身元を確認してからでないと、扉を開くスイッチを押さないのだそうです。

アリトー検事の部屋に案内されて、裁判所からの呼び出しを待っていたら、昼少し前、事務所内がにわかに騒がしくなって、副検事の一人が私の手をとって「司法取引が成立した。貴方のお陰だ。ありがとう」と言います。事務所にいる大勢の人たちは両手を挙げて「バンザイ！」です。何が起こったのかわからないでいたら、ナカダさんが、「司法取引とは、検察と被告が話し合って、被告が罪を認めたり、捜査に協力すると裁判がなくなって、刑も軽くなるシステムだ」と教えてくれました。近年、わが国でも採用されていますが、菊村の裁判がなくなったのです。

「ああ！　それで騒がしかったのか！」でした。アリトー検事が戻ってきて、「ヨシダの仕事は終わった。日本へ帰ってよい」と言います。アリトー検事を囲んで関係者一同が記念写真を撮ることになって、大きなカメラを持った写真係が来ましたが、捜査官の一人がカメラを指して、「このカメラを知っているか」と言いました。「フォー・アンド・ファイブ（４×５インチ判フィルム）のスピグラ」と答えたら、「オー！」と言って、一斉に拍手が起こりました。「日本では、新聞社のカメラマンのほとんどが使っている」と説明したら驚いていましたが、ここでは日本の事情などわかっていないようでした。

　そういえば、先日、トーマス捜査官の案内でＦＢＩの事務所を訪れたとき、トーマスが、銃器が沢山並んでいるウインドウの前で、「ここなら、精度のよいピストルが安く買えるから、土産に買って帰れ。俺の身分証明書で買えるから」と言ったのを思い出しました。「日本では銃を持つことは禁じられている」と言ったら、「どのようにして自分の身を守るのか」と返されました。日本のことを知らない人が、ここにもいたのでした。彼自身、脇の下のホルスターに公用のピストル、腰のベルトに私物のピストルを持っていて、「ここにもある」と言って見せたのは、ブーツの中の小型のピストルでした。「自分の身は自分で守らないと、誰も守ってくれない」とも言っていました。アメリカという国はそうなのか、と初めて知ったひとときでした。

一九八九（平成元）年二月七日、菊村憂に判決があり、ニュージャージー州ニューアーク市のレクナー連邦地裁判事は、拘禁刑三十年を言い渡しています。アリトー連邦検事が起訴状に示した量刑は、最高懲役百年、罰金二百万ドルだったそうです。

刑を言い渡された菊村憂は、その後、イリノイ州のマリオン連邦刑務所に服役していましたが、二〇〇七（平成十九）年四月十八日、コロラド州のフローレンス連邦刑務所に移され、翌十九日には国外追放となって強制送還されています。ですが菊村は、日本の領土内に入るのを待っていたように、機内に同乗していた警視庁の公安部員にパスポート偽造の容疑で逮捕され、身柄を拘束されています。

第二話　蜂谷真由美こと、北朝鮮工作員・金賢姫の偽造日本国旅券

韓国の国立科学捜査研究所から鑑定の依頼があって、日本で研修を受けたことのある梁技師が年配の男性と連れだって来日しています。連れの男性は、韓国の情報機関、調査局の捜査情報担当者だと言います。「お願いするのはこれです」と言って、調査局員が鞄から出したのは、赤い表紙の日本国の数次旅券でした。渡された旅券を見ると、なんと、金賢姫（キム・ヒョンヒ）の顔写真が貼られている偽造日本国旅券でした。

調査局員が「これは、一九八七年にミャンマー上空でボーイング七〇七の大韓航空八五八便が爆破されたときの北朝鮮工作員・金賢姫のニセパスポートです。その後、金工作員がバーレーンで逮捕されたときに持っていたものです」と言いましたが、続けて梁さんが、「旅券が本物でないことは、日本の印刷局の人が来て偽造と認めていますが、どこが違うのか、どのような方法で偽造されたのかがわかっていないのです。ソウルの科捜研では鑑定ができないので先生にお願いに来ました。鑑定は極秘で

お願いします」と言います。

印刷局の技官が韓国に行って調べてきたときの報告書は見ていますが、なるほどよくできている、でした。パスポートは凹版と凸版で印刷されていましたが、印刷の方法は真券とまったく違っています。どの事件の印刷偽造でもそうですが、相手をダマせればよい、見つからなければよいので、本物とまったく同じものなどありません。

「わかりました、お預かりしましょう」と言ったら、脇にいた調査局員が、「それは困ります、これは重要な証拠品なので、私たちの手元から離せないのです」と言います。隣にいた梁さんは「私たちは先生の側にいます。夜になったら旅券を持って帰って、明日また持ってきます」と言います。昼に検査をして記録写真を撮り、夜はそれを整理すればよいと考え、「そうですか、ではそうしましょう」で、検査を始めました。翌朝、約束の時間に来た二人は、「お願いします」と言って、ＭＧ５０２１２０８Ｎの旅券を出して机の上に置きました。

金賢姫のニセ旅券は、見掛けは本物と瓜二つですが、中身はまるで違うものです。この種の偽造印刷物で最初に見るのは凹版印刷です。銀行券もそうですが、日本の印

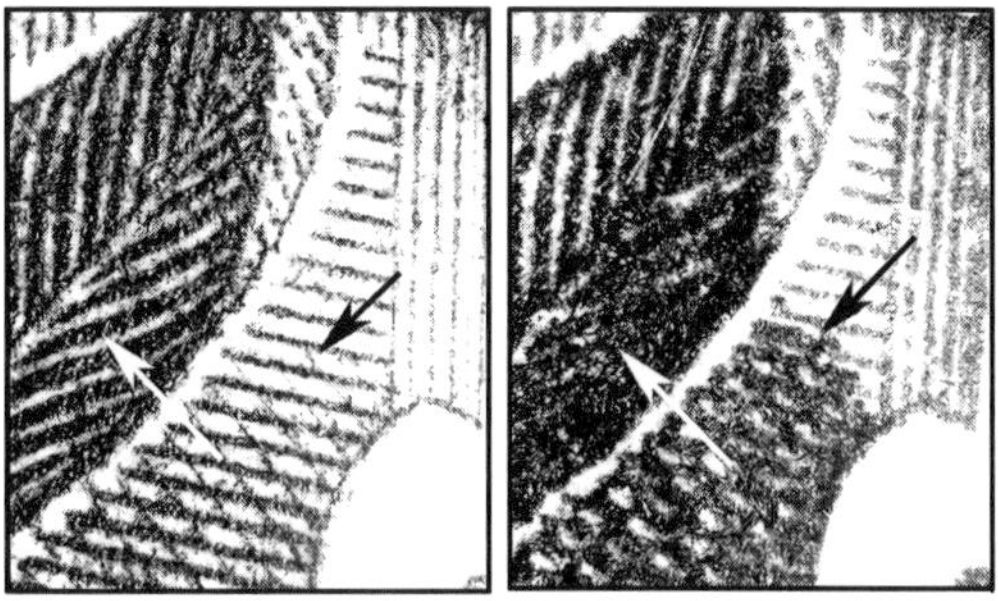

図5　北朝鮮工作員「金賢姫(キム・ヒョンヒ)」が持っていた
偽造日本国旅券の凹版印刷部
左:真正日本国旅券のザンメル印刷(色の変わり目に境がない)
右:複数の印刷版を使って印刷した偽造日本国旅券の凹版印刷部
(インクの色が違う画像が重なり合っている)

図6　「金賢姫」の偽造日本国旅券の漉き入れ模様
左:真正日本国旅券の白スキと黒スキによる漉き入れ画像
(矢印の部分が黒スキ)
右:「金賢姫」の偽造旅券は白スキだけで黒スキ
(矢印の部分)がない

刷局ではザンメル方式という特殊印刷術を使っているからで、市中にある印刷機ではこのような印刷ができないからです。金賢姫の偽造旅券も主な部分は凹版印刷でしたが、ザンメル方式の印刷ではありません。色違いの複数の印刷版を使っていますから、模様の色の変わり目で二つの版の画像が重なっています（図5）。

ザンメル方式の印刷では、一本の線の色が徐々に変わっても、色の変わり目に境がないのが特徴ですから、偽造印刷物はここに大きな違いがあります。凸版印刷の地模様を見ると、真券は色の変わり目に境がないレインボー印刷で、これも一本の線の色の変わり目に境がありませんが、金賢姫の偽造旅券の地模様は複数の印刷版で印刷されていて、図柄ごとに色が違っています。色が変わるところでは色が違う図柄が重なり合っていることになります。この偽造旅券は、凸版も凹版も複数の版を使って図柄を重ね合わせた普通の印刷物でしかありません。

さすがの敵も、ザンメル方式やレインボー印刷には手が出なかったのでしょう。透視台の上に偽造旅券を広げてみると、みごとな富士山と桜の花模様のスカシが映し出されましたが、なぜか明る過ぎます。そうか、黒スキがないのだ、でした（図6）。

日本の銀行券や旅券は黒スキと白スキを使って立体感を出しているので有名ですが、金賢姫の偽造旅券は白スキだけのため明るく見えたのです。とは言え、これだけのスカシを作るのですから、旅券を偽造した設備は相当なものでしょう。事件を考えると、やはり国が絡んでいるのは間違いないと言えるでしょう。今日はこれまでということで二人にお引き取り願いましたが、撮影した記録写真を台紙に貼って説明を書き入れ検査で控えたメモを整理し終わったら、日付が変わっていました。

日本名の「蜂谷真由美」のサインは旅券の所持人自署欄と、偽造した日本の出入国カードの氏名欄と署名欄の三か所に書かれています。出入国カードのサインは氏名欄と署名欄に書かれていますが、「蜂谷真由美」の筆跡には部分的な違いがあります。ですが、出入国カードでは、氏名欄と署名欄の筆跡が違うのは珍しいことではありません。外国では氏名欄のフルネームとサインが違うのは当たり前のことで、氏名欄は自分の名前を他人に知らせるためのもの、サインは自分を証明するためのものだからです。では、旅券のサインはどうでしょう。わずかな違いはありますが、出入国カードの署名欄の筆跡とほとんど同じです（図7）。

サイン全体と、一文字ずつを拡大して各文字を検査した結果、旅券とカードの署名欄の筆跡の筆者は同一人であると判断され、「蜂谷真由美」名の偽造日本国旅券の分析は終わりました。

金賢姫の著書『いま、女として』の日本語版（文藝春秋）には、「偽造旅券が露見しないかと怖れ、最初から最後まで緊張がとけなかった」とあります。北朝鮮に拉致されていると言われる日本人の女性から充分に教育を受けていたと伝えられる工作員でも、サインを変えずに書くのは容易ではなかったようです。

本物とは大きく違いましたが、偽造印刷物としては精巧なモノと言えるのが金賢姫の偽造日本国旅券でしょう。

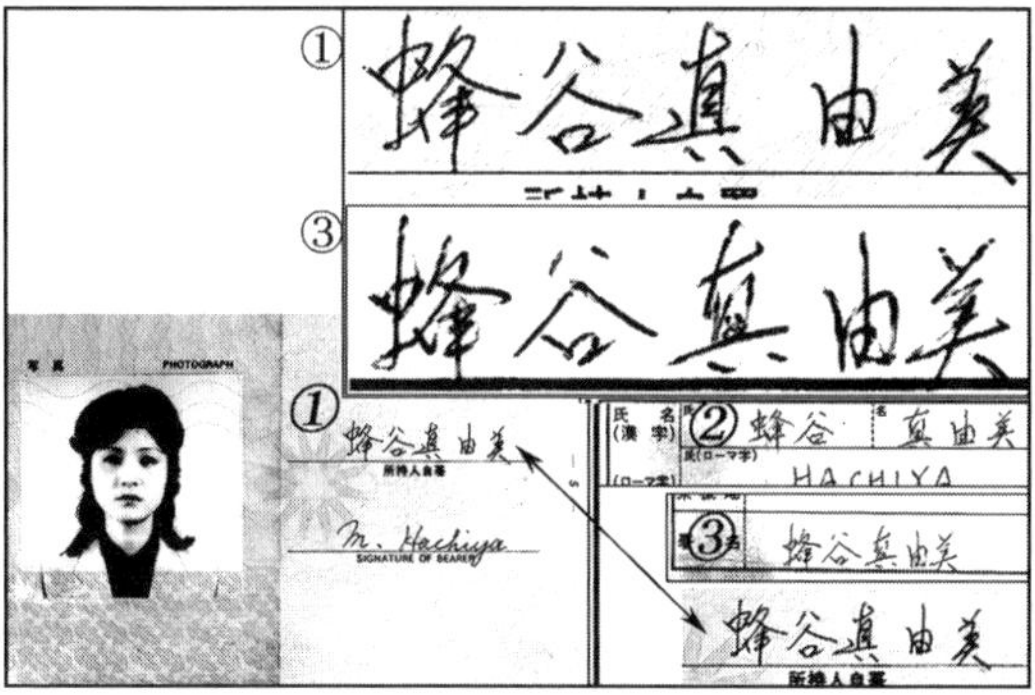

図7　「金賢姫」が記載した偽造日本国旅券と
出入国カードの「蜂谷真由美」のサイン
①：旅券の所持人自署欄のサイン
②：出入国カードの氏名欄の筆跡
③：出入国カードの署名欄のサイン

第三話　不法入国女性〝ジャパゆきさん〟の偽造パスポート

今日では不法入国者は入国する空港で発覚しますが、昭和五十年代には不審な入国者のパスポートは、すべてが真偽判別のために、入国管理事務所や入国管理局から科学警察研究所に持ち込まれていました。

一九七九（昭和五十四）年の年明けとともに送られてきたのは、「ＢＡＮＧＫＯＫ発行」とある十数冊のパスポートでしたが、東南アジアの女性が持ってくる偽造パスポートは、国が違っていても偽造の手口が同じですから、検査の手順は決まっていました。真正旅券に書かれている文字を消して、そこに別の文字を書き入れ、顔写真を貼り換えただけに過ぎませんが、このような旅券で日本に入国しようというのですから、あつかましいとしか言えません。「出国のときはどうだったのですか」と訊きたくなります。

鑑定事項はいつもの通りで、「旅券は偽造されているか」「顔写真の貼り換えがあるか」だけです。パスポートには性別、年齢、氏名などが書かれていますが、暗室で紫外線を当てると、〝あるある〟です。文字を消した跡が紫外線を吸収して黒ずんでいます。中には、消された文字が蛍光を発しているものもあります。文字を消すときに使った薬品の違いが原因ですが、検出の状態が違うのは偽造した犯人が違うからでもありましょう。文字が消されている部分を赤外線で検査すると、若い女性のパスポートなのに、検出される文字が「Mr.」であったり、年齢が五十歳以上だったり、です（図8）。偽造前のパスポートの持ち主がいずれも高齢者なのは、その人たちの小遣い稼ぎでしょうか。

女性たちは、なぜ自分の旅券を使わないのかと思いますが、観光ビザでの入国でも、金を稼ぐための密航ゆえ、出国のときに本名を知られたくないからのようです。それにしても、顔写真は本人のものですが、そればかりは隠し切れないでしょう。出国できればよいとの考えのようで、出国の手引きをしている者に多額の手数料を払っていると言われています。

顔写真に押されているプレス印を本物のプレス印と比べてみると、プレス印の画像は一致しています。顔写真に押されているプレス印は、偽造ではなく、本物のプレス印です。よその国のことなので、そこまで詮索はしませんが、本物のプレス印を使える人物が絡んでいるのは疑う余地がありません。

偽造された旅券で出国してくるのですから、それらの国では、お金を稼ぎに行く〝ジャパゆきさん〟の密航は、なかば黙認されているのではないでしょうか。

それにしても多すぎるのが、〝ジャパゆきさん〟の偽造パスポートでした。

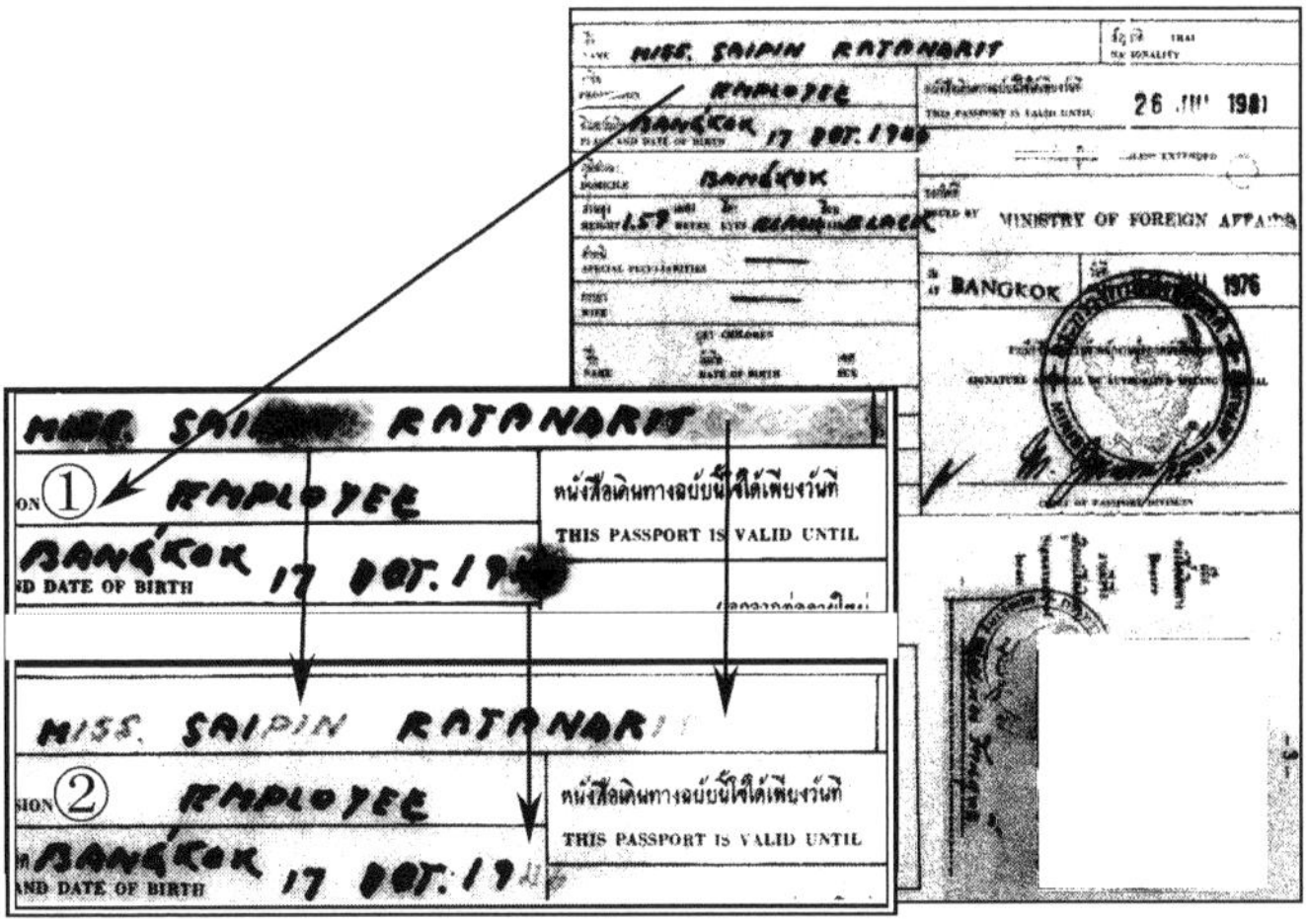

図8　不法入国女性(ジャパゆきさん)の偽造パスポートの検査写真
①:紫外線検査による偽造痕跡の検出(写真の黒い部分はUVの吸収)
②:改ざん部分の赤外線検査
(「M」と「ISS」の文字、「SAI」と「PIN」の文字、
および「19」と「46」の年号の文字はそれぞれインクが違う)

第四話　認証スタンプを悪用した入国審査官の小遣い稼ぎ

検察官が持ってきたのは、タイ、マレーシア、フィリピン、ベトナムなど、東南アジアの国々の女性のパスポート十冊以上でしたが、これらの旅券はどれも入国管理局が本物と回答しているものでした。では、なぜ鑑定が必要なのでしょう。検察官は、「観光ビザで入国した外国女性たちの滞在期間はとっくに切れているのに、パスポートには観光目的の滞在が許される九十日までの延長が認められていて、入国審査官のスタンプが押されている」と言います。期限切れのパスポートの滞在期間を延長した偽造事件です。

女性たちは繁華街のバーやキャバレーで働いていますが、入国管理事務所では滞在期間の延長を認めた事実はないそうです。検察官は、「入国審査官が勝手に延長を認めてスタンプを押したのだろう。そうだとすると、それは犯罪になる」と言います。認証スタンプの出所が判れば、それを押した入国審査官が明らかになるでしょう。

認証スタンプを押した入国審査官を探し出すための鑑定を行うことになって、検察官は、女性たちのパスポートに入国スタンプが押されている空港を歩き廻って、そこで使っているすべてのスタンプの印影を採取してきています。この中に押収したパスポートに押されているのと同じスタンプがあれば、一件落着です。

入国に使っている認証スタンプは「シャチハタスタンパー」ですから、検査方法は決まっています。スタンパーの本体に保有されている朱油を、印面に送り出すための孔の位置とその形を検査すればよいだけです。ところが、検察官が集めてきたスタンプ印影の中には、女性のパスポートに押されているスタンプ印影と一致するものはありませんでした。一方、十数冊のパスポートの偽造スタンプ印影は、入国した空港が違っていてもどれも同じです。偽造に使われたスタンプが一つであることは明らかです。

十数日後に検察官が持ってきたのは認証スタンプの現物でした。どこで手に入れたのでしょう。さすがは検察官で、容疑者を突きとめていたようです。今度は一対一の比較ですから時間はかかりません。持ってこられたスタンプで押した印影は、旅券の偽造スタンプ印影と一致していました。大きさや形はもちろんですが、決め手となったのは、やはり印面に数個ある朱油の通過孔の位置と形の一致でした。「シャチハタスタンパー」の印面にある朱油の通過孔は、スタンプを製造するとき、ゴムの素材に食塩を混ぜておき、ゴムのスタンプ印面ができあがった時点で、それをお湯に浸して食塩を溶かし去ったときにできる孔ですから、孔の位置や形はそれぞれのスタンパーごとに違っていて、同じものなどは一つもありません。

ですので、スタンプ印影にある孔の一致により、それを押したスタンパーが同じであると決定できるのです。個人が注文することなどがない認証スタンプですから、検察官は、容疑者は認証スタンプを扱える所にいる者と考えたのでしょう。入国管理局では使い古した認証スタンプは廃棄処分にするそうですが、職員の溝口はそれを拾って持ち帰って悪用していたのです。本業の陰で不法入国者の手引きをしている観光業の谷川に頼まれ、旅券一冊について数万円の手数料で、日付の書き直しと認証スタンプの押印をしていたようです。

この事件、犯人の入国管理官の溝口にすれば、手間のかからない小遣い稼ぎだったのでしょうが、溝口は初めからこの偽造を考えて、廃棄されたスタンプを拾っていたのではないでしょうか。

不法残留で摘発された〝ジャパゆきさん〟たちは、「『入国管理局に知人がいるから、滞在期間を延ばしてやる』と言われ、観光業者の谷川に数万円を払っていた」と自供していますが、日本にいれば稼ぐことができる〝ジャパゆきさん〟にとって、再出国のときに払う手数料を考えれば、数万円は高いものではなかったのでしょう。

第五話　変造されたアメリカ財務省発行の八十五枚の小切手

京都から「東海銀行京都支店で、偽造されたアメリカ財務省発行の小切手が大量に発見されました」と電話があって、一九八八（昭和六十三）年三月十八日付で送られてきた小切手は、なんと八十五枚もありました。小切手の番号の中に、振り出されていない番号のものや、すでに換金されているものがあったことから、銀行が偽造と判断したのだそうです。

アメリカ大使館からお借りした小切手の真券と比べてみると、ニセ小切手の印刷は真券とまったく同じで、この小切手は印刷偽造されたものではありません。金額欄の数字の並び方にゆがみがあったことから、実体顕微鏡で金額の数字を調べてみると、金額の数字は一部が切り貼りされています（図9）。ですが、貼り換えられているのは金額を示す数字の左端にある「＊印」の次の数字だけです。ほかの小切手を見るとどれも「＊印」の次の数字で、切り貼りの位置が共通しています。元の金額を高額にするための細工で、「6」から「9」までの数字が使われていますが、「5」以下の数字を使ったものはありません。

手口は、小切手の高額化を狙った「貼り合わせ偽造」です。八十五枚もの小切手の数字を一字ずつ顕微鏡で検査するのは大変ですし、時間もかかります。紙を貼っているのですから糊を使っているでしょう。そうだとすれば、糊には蛍光を発するものが多いので、蛍光検査で追えば、貼り合わせの有無と場所が手っ取り早く見つかることになると考えました。すべての小切手を暗室に持ち込んで、紫外線ビジコンカメラを使って検査のスピードアップを図りましたが、これは成功でした。

貼り合わせられている部分が蛍光を発しています。蛍光を発している位置はどれも「＊印」の次にある金額の最初の数字と、小切手の中の別の数字だけです。偽造位

第二章
世間を騒がせた文書事件

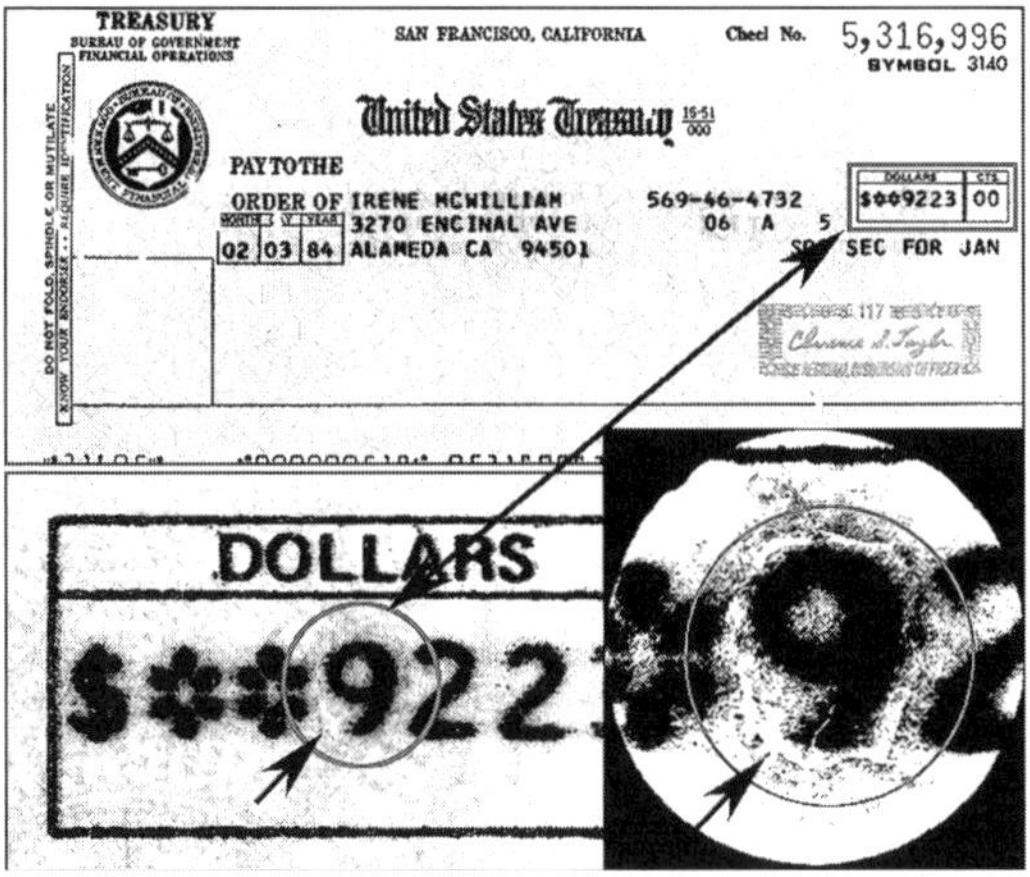

図9　金額を示す数字を切り貼りして偽造した
アメリカ財務省発行の小切手中の一枚
「DOLLARS」欄の「9」字が切り貼りされている

置の確認を終えて、実体顕微鏡の検査に戻りましたが、そこで見たのは貼り合わせの巧妙さでした。切り取らねばならない数字の部分は表面だけが削り取られていて、紙の裏に近い部分は残されています。貼り込む方の数字には、同じ小切手の中の別の位置にある数字を使っていますが、そこでも表面の文字の部分だけが紙面から剥ぎ取られ、その跡には、先に剥ぎ取った数字の紙片と思われるものが貼られています。

変造する数字を貼り合わせたときに、紙の厚さがほかの紙面と同じになるようにしているのと、小切手の裏に傷が付かないようにした手の込んだ偽造の手口です。小切手はどれも、一枚が数千ドルに偽造されていたことから、偽造された金額の総額は、六八万一三四〇ドルにも達していました。偽造に気付かずに換金してしまったら、銀行にとっては大損害になったでしょう。銀行員の慎重な扱いが大きな犯罪を暴いた事件と言えます。

さて、この八十五枚もの小切手はどこで手に入れていたのでしょう。換金された後の小切手や発行されていない番号の小切手を大量に手に入れているのですから、金融機関の関係者が絡んでいるのは間違いありませんが、こちらの捜査はアメリカ財務省のシークレットサービスに任せることにしましょう。

第六話　ロッキード事件を暴いた児玉誉士夫の四十九枚の領収証

国会で荒舩清十郎議員が「ピーシーズ」と言って話題をまいたロッキード事件について、一九七八（昭和五十三）年に東京地検特捜部から鑑定の嘱託がありました。極秘ということで、特捜部の清水勇男検事が風呂敷包で抱えてきたのは、四十九枚の児玉誉士夫の名がある領収証でした。捜査で渡米していた堀田力検事がアメリカから持ち帰ったもので、原本はＦＢＩが保管しているため、すべてがカラー写真でしたが、一緒に写っているメジャーやＦＢＩの写真室の規模と撮影システムからすれば、この写真は原寸大と言えるものです。

鑑定の対象とされているのは、四十九枚の領収証に押されている「児玉誉士夫」のスタンプ印影と「児玉」の丸印影で、それぞれがすべて同じであるかどうかが鑑定事項です（図10）。領収証にチェックライターで印字されている金額は、どれも数千万円の大金です。これだけの大金を誰が受け取ったのでしょう。これが、この事件の捜査のポイントです。

四十九枚の領収証の各スタンプ印影や各丸印影のそれぞれを、同じ大きさで拡大撮影し、撮影した多くの拡大写真を赤発色フィルムと青発色フィルムにそれぞれプリントしてスーパーインポーズ（重ね合わせ）法で検査を行うことにしましたが、鑑定事項が『すべてが同じかどうか』ですから、一枚目の赤色画像と二枚目から四十九枚目までの青色画像、次は二枚目の赤色画像と三枚目から四十九枚目までの青色画像といったように、別々に検査を行う必要があります。

気の遠くなるような検査の繰り返しで、スタンプ印影と丸印影の検査が終わりましたが、児玉誉士夫のスタンプ印影や児玉の丸印影はどれも「同じと推定される」が鑑定結果となりました。

ですが、ロッキード事件の鑑定はここが終わりではありません。スタンプ印影や丸印影がすべて同じでも、それだけではこの領収証を作った人物がわかりません。誰がこの領収証を作ったのかがわからないのでは、公判を維持できないでしょう。

この難関を打ち破ったのは、東京地検特捜部の清水検事でした。四十九枚の領収証

第二章
世間を騒がせた文書事件

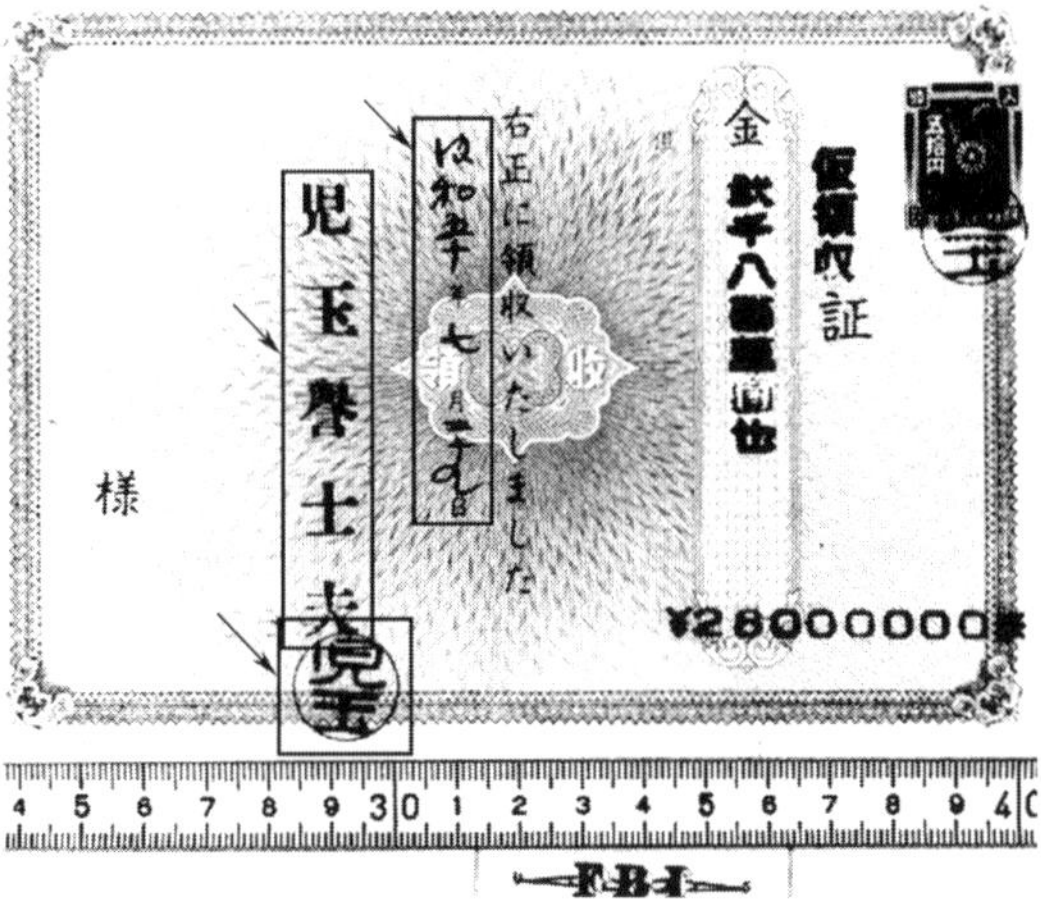

図10　ロッキード事件の児玉誉士夫名義の
「弐千八百萬圓也」の領収書(49枚中の1枚)
「児玉誉士夫」のスタンプ印影と「児玉」の丸印影が鑑定の対象

のうちの二通には「昭和」の文字と作成年月日欄に記入した数字が手書きされていますから、手書き部分の筆跡を鑑定すれば、領収証の作者がわかるでしょう。ですが、対象とする筆跡はどこにあるのでしょうか。

清水検事の著書『捜査官』（東京法令出版）には、「問題の二枚の領収書にある手書きの日付部分だけを拡大したコピーを一人ひとりに渡し、押収した証拠物の中からこの筆跡に似ている筆跡を探し出すように指示した。児玉関係の押収証拠物だけでも、全部でダンボール二、三百個はあった…、この人海戦術が効を奏した。おびただしい資料の中から班員が血まなこになって探し出したのは、なんと児玉の秘書・大刀川恒夫の署名がある七通の書類であった」とあります。

清水検事が持ってきた二通の領収証と、大刀川恒夫の署名がある書類七通の筆跡を鑑定することになりました。年が明けて、一九七九（昭和五十四）年五月にようやく鑑定が終わりましたが、鑑定の結果は、「領収証二通と書類中の三通は同一人によって書かれたものと推定する。ほかの四通に関しては不明である」でした。

ここで清水検事は、なぜ四通は不明なのかと尋ねています。鑑定資料の中の三通には「昭和」の筆跡がありますが、あとの四通は数字だけです。数字は字画が単純なので、書きぐせを把握しにくい面があります。似てはいても、同じ人でなければ書かないような書きぐせがなかったので、鑑定ではこの四通を不明としていたのです。日本人の八割は似ている数字を書いていますし、同じ人が書いた数字でも、数字の筆跡は個人内変動が大きいからで、数字だけでは書いた人を特定できません。これが不明の理由でした。

清水検事の疑問はもう一点ありました。「筆者が同一人であれば結果は『認める』としてもよいのではないか。にもかかわらず結果に『推定』とあるのはどうしてなのか」でした。この質問は、ほかの鑑定でもたびたびあるので、科学警察研究所の答えは決まっています。「文書鑑定の結論は『推定』と『不明』のどちらかでしかありません。ただし、ここで言う『推定』とは『思われる』のような曖昧なものではなく、『同じ』または『違う』と認定するのが最も合理的であって、これに反する認定は不合理である」というのが用意されている答えです。

漢字は多くの人が書きますから、「認める」と断定するのには日本人全員の筆跡を比較検査しなければならないことになるでしょう。しかし、それは不可能ですから、筆跡鑑定では対象となる筆跡をいろいろな面から検査して同一かどうかを決めることになるのです。ですから、「いかに厳密に検査したものであっても、絶対とは言えない」というのが答えでした。

清水検事がこれを納得された理由は、どこにあったのでしょう。再び清水検事の著書をお借りしてみましょう。「私は、それを聞いて、その二、三年前に担当した神田の金地金商の関税法違反事件を思い出しました。金地金の純度について捜査していた過程で、純金とは九九・九九パーセントのものを言うのだと知った。九が四つ並んでいるので『フォーナイン』と言うのだが、それを教えてくれた貴金属商に訊いた。『純金なら一〇〇パーセントと言っていいはずなのに、なぜ九九・九九パーセントなどと言うのですか?』、『それはですね、いくら純金だといっても、人間が製錬して作るものですから、絶対に混じりっ気ゼロとまで断言するわけにはいかない。それは神の領域です。つまり〇・〇一パーセントというのは、可能的不純度率ということで、神様から許してもらえる最小限の誤差の範囲ということです』。ああ、これは哲学の領域だ。この世の中に絶対というのは存在せず、あるのは相対だけだ。その相対の中で、限りなく絶対に近い相対と、限りなく曖昧に近い相対があるに過ぎない。『推定』と、この貴金属商の言う『フォーナイン』の説明とは、正しく同じことではないか！」。

清水検事の「推定」に対するこのような理解があって、ロッキード事件の四十九枚の領収証の鑑定は終わっています。

内閣総理大臣でもあった田中角栄を逮捕するまでの検察庁特捜部の苦労の裏には、こうしたいきさつがあったことなど、世の中の人には知られていないでしょう。表には出ることのない捜査の裏には、担当者でなければわからない、さまざまな苦労が付きまとっています。

第七話　テープライターで印字された道警・道庁爆破事件の犯行声明文

東アジア反日武装戦線を名乗るグループが、札幌を舞台に起こした二件の爆破事件。道警・道庁爆破事件は、一九七五（昭和五十）年五月十九日に三菱重工などの連続企業爆破事件の大道寺夫婦をはじめとする、東アジア反日武装戦線の主要メンバー七人が、警視庁に一斉に逮捕された後で起こっています。
一九七五（昭和五十）年七月十九日午後一時五十七分、北海道警察本部三階の警備部前に置かれていた金属ロッカーが、ミルク缶を爆体としたパチンコ玉爆弾で爆破されていますが、午後六時二十七分には警察本部の交換台に、「大通公園コインロッカー18号」という不審な電話が入りました。

地下鉄大通駅のコインロッカーを捜査した結果、18号のロッカーから見つかったのは、「アイヌモシリヲ…」などと全文をテープライターで印字した、東アジア反日武装戦線名のカタカナ書きの犯行声明でした（図11）。捜査本部では、これは連続企業爆破事件の残党の仕業であろうと考えていました。

年が明けて、一九七六（昭和五十一）年三月二日の午前九時二分、今度は北海道庁一階のエレベーターホールで、除草剤を爆薬に使った消火器爆弾が炸裂して、多くの被害者が出ていましたが、その日の十二時四十分には、北海道新聞の政経部に東アジア反日武装戦線を名乗る男から、「大通公園駅の31番に声明文が入っている」という電話がありました。

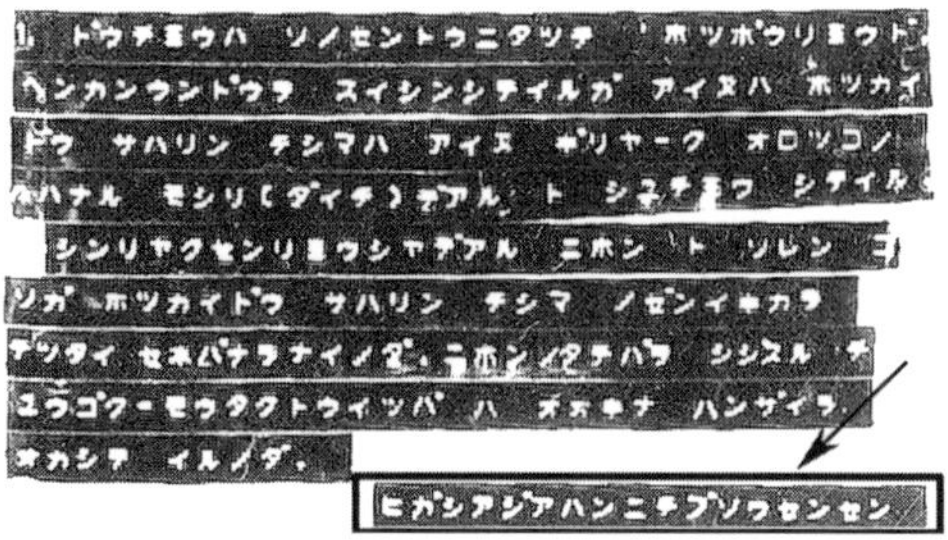

1. トウテヨウハ ソノセントウニタツテ ホツポウリヨウド
ヘンカンウンドウヲ スイシンシテイルガ アイヌハ ホツカイ
ドウ サハリン チシマハ アイヌ ギリヤーク オロツコノ
ハナル モシリ(ダイチ)デアル ト シユチヨウ シテイル
シンリヤクセンリヨウシヤデアル ニホン ト ソレン ヨ
ソガ ホツカイドウ サハリン チシマ ノセンイキカラ
テツタイ セネバナラナイノダ, ニホンノタチハヲ シシスル テ
ユウゴウ-モウタクトウイツパ ハ オオキナ ハンザイヲ
オカシテ イルノダ.
ヒガシアジアハンニチブソウセンセン

図11 「東アジア反日武装戦線」(矢印)が
ダイモテープライターを使ってカタカナで印字した
犯行声明文の一部

言われた通りに捜査を進めたところ、コインロッカーの31番には電話の通り声明文が入っていましたが、これも道警爆破事件と同じように、全文がテープライターで横書きされたカタカナ文字の犯行声明でした。

この二通の声明文では「ヨ」字の縦画がほとんどなく、「三」のようであることや、「オ」字の位置がほかの文字より低いこと、「ガ、ニ」字は下の方がかすれていて不鮮明、などの共通点があったことから、この声明文はダイモ社の同じテープライターを使って印字したものと判断されています。ですが、よく見ると、道警爆破事件の声明文には「武装」が「ブソオ」、「決行」が「ケッコオ」と書かれているのに、道庁爆破事件の声明文では「武装」が「ブソウ」、「闘争」が「トウソフ」とあって、仮名遣いが違っていました。また、道警の場合は〝テニヲハ〟が独立して書かれていたのに、道庁の〝テニヲハ〟は前の文字に付けて印字されています。これらのことから、二通の声明文は印字した人物が違うだろうと考えられ、この事件には複数のメンバーが絡んでいるとされています。

道庁の声明文にはもう一つの問題がありました。行の書き出しを一文字分あけたとところが三か所あって、そこに「※印」が手書きされています。これは手掛かりになるであろう、というのが捜査担当者の考えでした。

この頃、北海道警察は爆発物取締罰則違反の容疑で過激派メンバーの一人、大森勝久を拘束していましたが、捜査員は大森が住む北区のゴミ捨て場から、『朝鮮人強制連行、強制労働の記録』という本を拾い出していました。本人の自供もあって、この本は大森が捨てたことが明らかとなっていましたが、本の中には百個以上の「※印」が書かれていて、調べに対して大森は、「自分が書いたものだ」と供述しています。

大森と犯行声明文をつなぐのはこの「※印」にある、と考えた捜査本部は、北海道教育大学教授と奈良県警のＯＢの二人に「※印」の鑑定を依頼していましたが、二人は、声明文の「※印」と大森が書いた「※印」は、「同一筆跡の可能性が強い」と回答しています。

弁護側からの反論があり、札幌裁判所の生島裁判長は千葉県の文書鑑定センターの所長を鑑定人に指名していましたが、ここでは、「類似点や共通性はあるが、同一人の筆跡とするのは困難で、犯行声明文と本の書き込みの『※印』が同一人によって書かれたものか否かは不明である」との結論とされています。声明文に書かれた三個の「※印」は改まって書いたものとは考えられないですし、形にも差がありますが、一方の本に書かれている多くの「※印」は形が不揃いなため、「手書きをしたものであっても、記号の『※印』を比較の対象とするのは無理である」が、その理由でした。

東アジア反日武装戦線のそれまでの声明文は、どれも新聞や雑誌の文字を切り取って繋ぎ合わせた切り貼りでしたが、テープライターは手間のかからない方法として選んだのではないでしょうか。新聞や雑誌の文字の切り貼りでは、鑑定でその出所が確かめられていましたから、それができないテープライターを選んだのかもしれません。

犯罪に登場する文書の中には、何があるかわかりません。

第三章

文字にまつわるさまざまな話題

第一話　「俺はサムライ」で署名を裁いた内閣総理大臣・吉田茂

国立公文書館で日本国憲法の原本を見ると、一九四六（昭和二十一）年十一月三日発布の日本国憲法では、日付の左に内閣総理大臣・吉田茂の署名がありますが、ここでの「吉」字は、「口」の上に「土」を重ねた書体で書かれています（図13）。これは、書写体という漢字で、元文部省調査官の江守賢治氏は「書道でよく書かれる」や「昔から書かれてきた漢和辞典にない形の字」と説明しています。

三宅坂にある最高裁判所の正面の土手にある横長の石柱には「最高裁判所」の文字が横書きされていますが、ここでは「高」に書写体の「髙」が使われています（図12）。デパートの髙島屋も同じように、屋号に「髙」を使っていますが、埼玉県庁の表札には「埼」が書写体で「﨑玉縣廳」と書かれています。

知る人は少ないでしょうが、明治神宮の「宮」は「ウかんむり」の下が「呂」ではありません。「呂」の上下の「口」を繋ぐ「ノ」がない文字となっています。原宿口の石柱や御苑の入り口、代々木口の〝定〟に書かれている「明治神宮」の「宮」は、

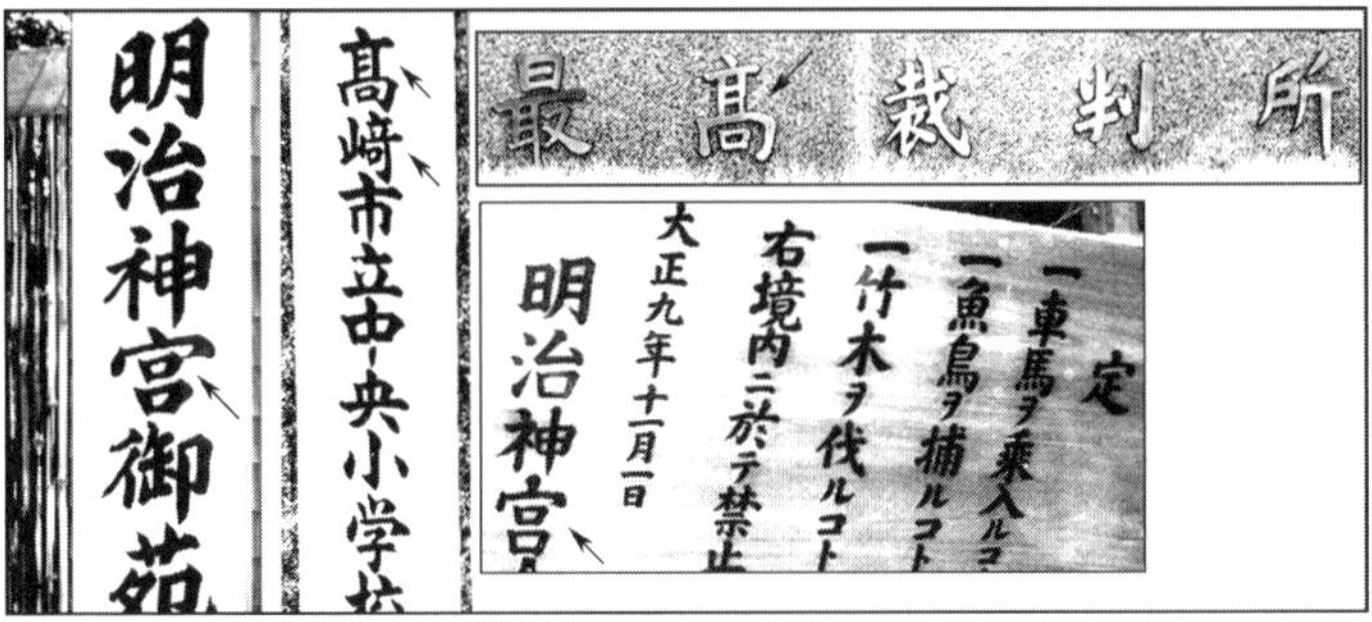

図12　異体字といわれる書写体の文字例

左端：明治神宮内の御苑の入り口の表札の「宮」字

左中：群馬県高崎市の小学校の表札（「髙・﨑」字がいずれも書写体）

右上：最高裁判所の表面の石柱（「髙」字が書写体）

右下：明治神宮の代々木口にある“定”に書かれている書写体の「宮」字

どれも書写体の「宮」です（図12）。

明治神宮の方に尋ねたところ、「『宮』に『ノ』がないのがこの神社の正しい名前です」とおっしゃっていました。

吉田茂の署名は一九四八（昭和二十三）年の第二次内閣からは、従来の「吉」に代わって「士」と「口」を重ねた当用漢字（現常用漢字）の「吉」が書かれていると言われます（図13）。なぜでしょう。読売新聞社編の「日本語の現状」には、一九四九（昭和二十四）年四月二十八日の当用漢字の公布直前に、参議院請願課長の大川浩男氏が思案していたという記事があります。内閣官房の人を通して、おそるおそる総理にお伺いを立てたところ、総理は、「『吉』が二種類ある？　それは知らなかった。字体表では下が短いのか…、俺はサムライだからそれでいこう」と返事をしたそうです。

第一次内閣時代の一九四六（昭和二十一）年五月二十二日から一九四七（昭和二十二）年五月二十四日までの署名は「吉田茂」でしたが、第二次内閣からの署名は「吉田茂」に代わっているそうです。突然のことだったでしょうが、「俺はサムライだから」は、大磯のサムライらしい裁き方と言えるでしょう。ご自身が公布した当用漢

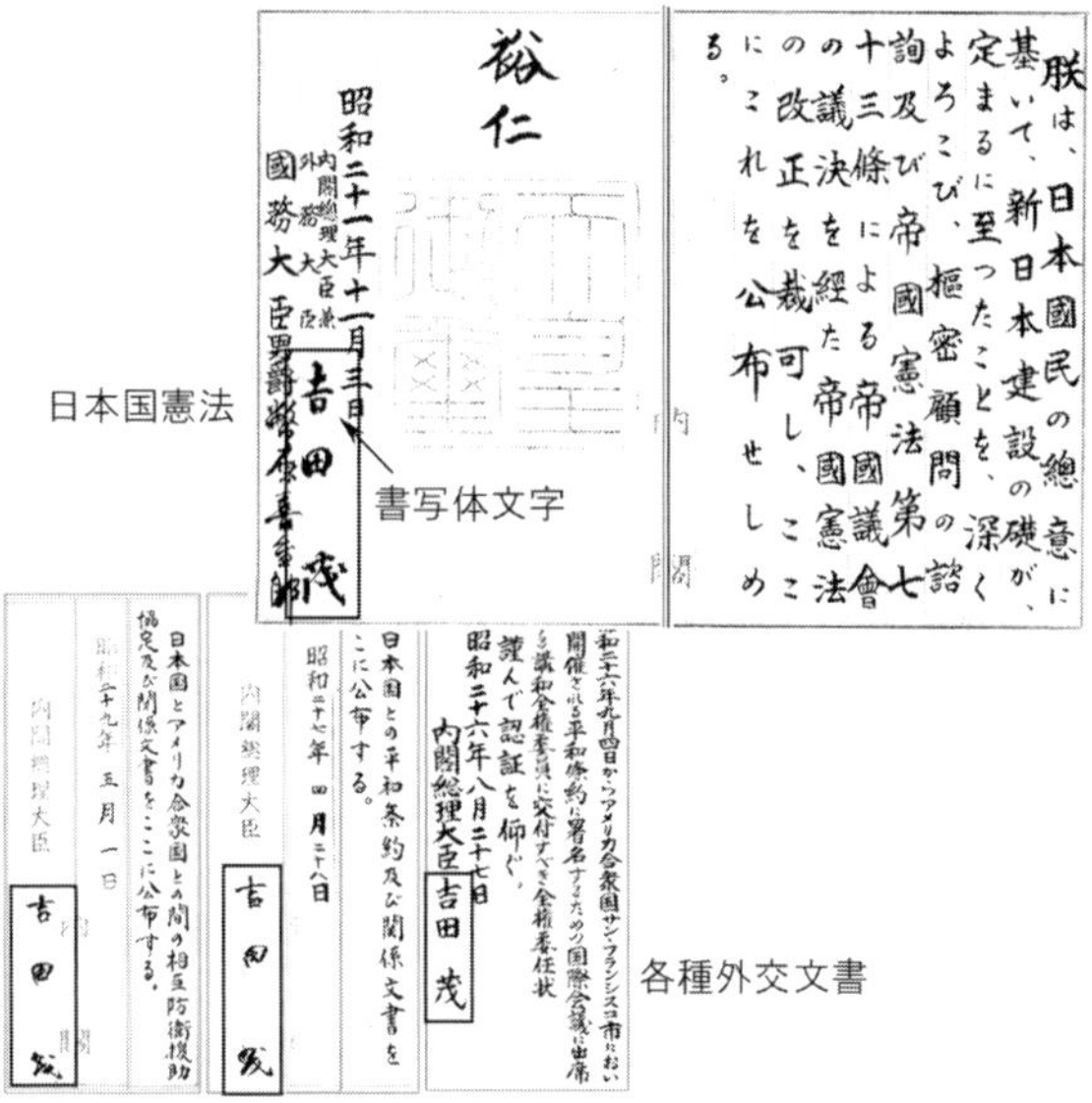

図13　内閣総理大臣・吉田茂の署名の変化

上：国立公文書館にある日本国憲法の原本に書かれている「吉田茂」の署名（「吉」が書写体）

下：三通の外交文書に書かれている「吉田茂」（どれも当用漢字の「吉」）

字表が「吉」だったからとも考えられるところです。

書写体などという変わった漢字の字体名は知らなくても、書写体の漢字を使っている人は結構います。元ジャイアンツの監督だった長島茂雄さんは、後に「長嶋」に名字を変えて、今は「長嶋茂雄」を署名としていますが、署名に特異性を持たせたのでしょうか。「高知」や「高田」「高崎」「高松」などの市では、「高」に「高」を書く人が少なくありませんから、これらの市では「高」は珍しいことにはなりません。古い話になりますが、高崎市の小学校の門柱には「高崎市立中央小学校」と書かれた表札が下げられていました（図12）。中には名字のすべてに書写体を使っていて、「高橋」を「高橋」と書いている人もいます。

私の名字「吉田」も、本籍がある新宿区の戸籍謄本には「吉」と印字されています。これは、手書きされていた時代の謄本が印字で書かれるようになったとき、手書き時代の謄本にならって書写体の「吉」字をそのまま印字したのでしょう。ところが、現住所の住民票や運転免許証には常用漢字の「吉」が使われていたため、届け出や免許証の更新の際に不便をしていました。常用漢字の「吉」が書かれていたのは、区役所のパソコンの文字や代書屋さんの邦文タイプライターの活字の「吉」が原因だったようです。訂正届を出して、今ではすべてを「吉田」としていますが、考えてみると、私は吉田茂さんと反対の手続きを取ったようです。

第二話　日本人はサインを持っていない

日本人は文字を美的感覚でとらえますから、うまく書こうとしますし、人には「私は字が下手です」などとも言います。見る方も、「村上さんの字は美しい」や、「高田さんの字は枯れている」など、普通に書かれている文字を芸術品のように美的感覚で評価しているきらいがあります。

「ここにサインをしてください」と言われると、普段は書かないような改まった文字を書く人は少なくありません。それゆえ、日本人のサインは書くたびに違っていたり、書かれた文字が普段の文字と違っていたりするのです。サインは相手に自分の名前を伝えるためのもの、と思っているのでしょうか。

あるとき、ハワイのホテルでサインを求められていた観光客のご婦人たちから「代わりにサインをしてください」と頼まれたことがあります。ご婦人たちは、「ここはアメリカだから、サインはローマ字で書かなければならない」と思っていたようです。カウンターの中の人はわかっていたようで、私が書いたご婦人たちの名前を何も言わずに受け取ってくれましたが、目が合ったら〝ニコッ〟と笑って、首を縦に振っていましたから、こうしたケースは毎度のことなのでしょう。

筆跡鑑定のエキスパートで、ペルー犯罪捜査研究所長のジョン・ルイスさんはＩＣＰＯ（国際刑事警察機構）のレビューで、

サインには読める文字が含まれていないものがある
サインには筆者自身が考案した書体がある
サインは普通と違った変形文字で書かれることがある
サインは個人が同意や責任を持つために使われる
サインは個人識別や本人であることの証明に使われる
サインは本人が書いたものでなければならない

と言っています。

名前を丁寧に読みやすく書いたものはサインではなく、私は「海野波男」ですと、自分の名前を書いているに過ぎないと言えるでしょう。日本の社会では、名前を伝えるために書いた文字でさえ、受け取る側がサインとして扱ってしまうから、いつまでたっても、サインの問題はなくならないようです。書く方にもサインの認識がないので、日常は使わないような改まった文字を書きますし、その都度、違う書き方で名前を書いています。

先のジョン・ルイスさんは普段書く文字をとらえて、

手書き文書の文字は読み手に内容が伝わるものでなければいけない
手書き文書の文字は社会一般に通用するものでなければならない
手書き文書の文字は筆者が勝手に文字を創ることは許されない
手書き文書の文字は意志や情報の伝達のために使われる
手書き文書の文字は文字による表現の手段として使われる
手書き文書の文字は内容が伝われば書き手は誰でもよい

と、わかりやすく説明をしています。

周りの人たちに「あなたはサイン専用の書き方を持っていますか」と訊いたら、九〇パーセントの人から「いいえ」が返ってきました。サインは「改まった文字で書くか、普段と同じ文字を書くか」と尋ねたら、六〇パーセントの人が「普段と同じに書く」と答えています。さらに、サインは「他人が読みやすい文字で書くか、真似されないように書くか」と聞いたら、九〇パーセントが「他人に読みやすく書く」でした。

サインは「いつも変わらないように書くか、特に考えていないか」では、八五パーセントが「特に考えていない」です。中には、「読めないように書いたら相手に失礼になるから」、などと言う人もいました。日本人は、そのとき次第で名前を勝手に書いているだけなのでしょうか。

やはり、日本人はサインを持っておらず、サインは自分の名前を相手に伝えるためのものと考えているようです。申込書や届出用紙には、名前の欄に「丁寧に書いてください」や、「読みやすく書いてください」などと注意書きの印刷があるのを目にするでしょう。甚だしいものには「署名」と印刷されている欄の脇に、わざわざ「楷書で」などと念を押しているのがあります。サインを求めておきながら「楷書で」などとしているのは、サインの意味をまったく理解していないからでしょう。

　ゆうパックの宛先用紙には「太枠内を強くお書きください」と注意書きが印刷されていますが、品物に貼られている宛先用紙に書かれている差出人欄の複写された文字の氏名でさえ、サインとして扱われていて、それが筆者識別の際に、対照資料としてのサイン扱いで提出されていることがたびたびあります。注意書きに従って〝力を入れて〟感圧複写紙に書いた文字がサインとして扱われてしまうのですから、これでは筆者識別が成り立ちませんが、提出した人はそれをサインの筆跡と考えているのでしょうか？　これなどは、サインと氏名を示す文字が区別されていない典型的な例と言えるでしょう。サインを認識している人がいないのではありませんが、それはごくわずかでしかありません。

　欧米人は、サインは自分を証明する手段としていますから、他人に真似をされないように、そして、いつも同じようにサインをしますが、それで自分を証明することができれば、書かれている文字は他人に読めなくてもよいようです。読めない文字を書かれたら、それを扱う側が困るだろうと考えるでしょうが、欧米人が書いた文書や手紙には、読めるように書かれたフルネームの文字に添えてサインがなされているのを見ます。これなどは、自分の名前を書いた後にハンを押しているのと変わらないでしょう。日本でも、読みやすい文字で氏名を書いた後に、自分を証明するサインをすればよいのではないでしょうか。

どの国の空港にもある出入国票には、「パーソナルネーム欄」と「シグネチュア欄」があります。パーソナルネームは自分の名前を相手に伝えるためのものですが、シグネチュアはパスポートの所持人自署欄にあるサインと同じならよく、それが読めない文字の綴りでもよいことになるようです。日本人の名前には、裕司（ユウジ）や裕彦（ヒロヒコ）の「裕」や、英雄（ヒデオ）や英治（エイジ）の「英」のように、同じ漢字で読み方の違うものがありますからフリガナが必要で、「フリガナ欄」がありますが、フリガナがなんの抵抗もなく書かれているのですから、申込書や届出用紙に「氏名欄」と「サイン欄」があっても不自然ではないでしょう。

日本人にはジョン・ルイスさんが言うようなサインの認識がないですし、それを教えることもありませんから、書くたびにサインが違いますし、それが自分を証明するものでなく、名前の伝達だけになっていると言えるでしょう。サインが身に付いていない人が多いので、金融機関や役所の窓口などではサインの照合が大きな負担になっていると言われますが、書くたびに違うサインを窓口の係員に「照合しなさい」と言うのが無理な話でしょう。

日本人にサインを定着させるにはどうすればよいか。さしあたって、義務教育でサインが必要な理由とその重要性、サインはどのように書くのかの教育を進めてみてはいかがでしょうか。サインの教育を受けた子供たちが大人になって、それ以前の大人たちがサインを認識するまでを考えると、サインが欧米並みに日本人に定着するのは何十年も先のことになるでしょう。

今日では外国でも漢字のサインで物が買えますし、ホテルに泊まることもできます。漢字を読めない外国人が見るパスポートでさえ、漢字のサインでＯＫです。某大学の教授は国語関係の学会の席で、「日本人のサインは個人の証明になっていない」と言っておられましたが、まさにその通りでしょう。

日本人のサインをこのようにしている犯人はハンだといったら、ハンコ屋さんに叱られるかもしれません。ハンは押せばよいだけですから、サインが生まれなかったと言えないでしょうか。その昔は日本にも「花押《かおう》」という立派なサインがあって、今日でも役所や会社では決済に花押を使っている人が少なくありません。花押は一般から消えてしまったように見えますが、どこに行ってしまったのでしょう。政府はハンコの使用を削減すると決めていますが、それより先に自分を証明する方法を考えねばならないでしょう。何をもって自分やその責務を証明せよというのかは示されていませんが、サインが今日のような状態にあるわが国では、問題が起きてからの後出しは避けてほしいものです。

「署名がある」とはいっても、今日、世間で署名といっているのは、ジョン・ルイスが言っているサインとはまったく異なるものではないでしょうか。自分を証明することのできない「署名」では、答えにならないでしょう。

第三話　方言やなまりも文字に書かれる

話し言葉には標準語と発音が違うなまりや、言葉が違う方言があります。東北地方には「例えば」を「例いば」、「考えて」を「考いて」と発音するなまりがありますが、この地方ではその言葉がそのまま文字に書かれていることが少なくありません。

福島県の吾妻山麓にある高湯温泉には、「きびたき荘」という私の定宿がありましたが、毎朝バスで送られてくる新聞の宛先用紙には、「ちびたき荘殿」と書かれていました。なまりがそのまま文字に書き表されていたのです。宿の主人の木村さんが「〝きびたき〟は鳥の名前ですよ」と教えてくれましたが、そのときの発音は「ちびたき」でした。奥さんも電話に出ると「モシモシこちら、ちびたき荘です」と言っています。さて、木村さん夫婦が宿の名前を文字で書くときは「きびたき」でしょうか、それとも「ちびたき」でしょうか。書いたものが見たかった、が本音です。

名前のネームを「ナイム」、日付のデイを「ダイ」、ベースボールを「バイスボール」と言うのはオーストラリアのクイーンズランド州ブリスベンの人たちですが、文字を書くときのスペルは英語の標準ですから、日本のなまりのように発音が文字の上に表れることはありません。これが日本とブリスベンの違いかと思っていたら、そうでもありませんでした。上州弁では「こない（来ない）」を「きない」と発音しますが、文字で書くときは「来ない」と書きますから、これはブリスベン並みでしょう。書かれるのは標準の文字で、発音だけが違うことになります。地方なまりで話す人にとっては、それが当然ですから、なまりがそのまま文字に表れるのでしょう。

なまりとは違いますが、ある地方だけで使われる言葉に方言と呼ばれるものがあります。青森県の浅虫温泉の知人は、「『な、どさ』、『わ、ゆさ』の津軽弁は日本一短い会話だ」と言っていましたが、「な（あなたは）、どさ（どこへ行くのか）」、「わ（私は）、ゆさ（風呂へ行くのだ）」だそうです。

版画家の棟方志功が「わだば、ゴッホになる」という「わだば」が「わたしは」であることはわかるでしょうが、「わ、めぐせー」は津軽弁を解さぬ人には通じないでしょう。しくじったときなどに「恥ずかしい」を意味する言葉で、今でも話し言葉の中ではときどき出てきますが、これを文字で書いたのを見たことはありません。

「あずましい」は気持ちがよい、「まいね」は駄目、「けやく」は友達、などは津軽地方の方言で、今でも話の中では使われることがありますが、文字に書くときは標準語で「駄目」や「友達」と書かれていますから、方言は文字に書かないと思っていたら、そうでもありませんでした。

旧浅虫小学校（現在廃校）の山本先生は、「子供たちの作文には、方言が書かれているものもある」と言っていました。家族を扱った作文では、「わの、とちゃ（私の父）」や「わの、かっちゃ（わたしの母）」などを書く子がいるそうです。山本先生は「自然が出ていていい」と言って、直したり、注意したりはしなかったそうです。

富山地方では、父を「おとと」と言い、母を「かっか」と言うそうですが、「またいらっしゃい」を「またこられ」と言う言葉もあると言われます。「こられ」は、「来てください」や「おいでください」の言葉の変化でしょうが、これも文字に書かれるのでしょうか。

西上州では、「とても」を「てんで」と言いますが（年配者に多い）、群馬県出身の国会議員に当てた誹謗文書に、「てめぇの言うことは、てんであてにならねぇ」とあったことから、容疑者の出身地は上州だろうとされていましたが、捕らえてみたら、犯人はやはり上州人でした。タレントの井森美幸さんは上州の下仁田出身だそうですが、テレビ番組で、「この地方では『私（わたし）』のことを『あたい』と言っていた」と説明していました。文字に書くときはどうだったでしょう。井森さんの子供のころの作文を拝見したいものです。

　和歌山県では「歌」に「可」を使って「和可山」と書き、福島市では「弐《に》斗《と》蒔《まき》」地区を「二斗蒔」と書くなどがありますが、これらの書き方はその地方に定着していますから、ほかの地方の人が見たら、この書き方は珍しいことになるでしょうが、それが日常的に使われる地方では当たり前ですから、筆者識別でこの書き方を特異的としたら誤鑑定になるでしょう。

「せまい日本、そんなに急いでどこへ行く」という標語がありましたが、文書鑑定の上では、「せまい日本、言葉の範囲は計り知れない」となりそうです。

第四話　似ている漢字の書き方、あなたはどっち派？

契約書や領収書、あるいは自筆遺言書などの偽造が明らかにされる理由の一つに、字形の違いがありますが、ここで言う字形は楷書や行書、草書などの書体のことではありません。似ているから、書いた人は気付いていないようですが、見る方もそれを気に留めていないのがほとんどです。ほんの一部分の違いでしかありませんが、周りの人に「分」と「合」の違いを訊いたら、大部分の人から「形が違う」とわかり切った返事が返ってきました。「分」は分けること、「合」は合わせることなどの答えもありましたが、私が訊きたかった「『分』は第一、二画が分かれているが、『合』の第一、二画は接している」の答えはありませんでした。

「分」がこれですから、「分」が付く「貧・盆」字の第一、二画は離れているのが常用漢字ですが、実際には「分・貧・盆」字などの第一、二画を付けて書いている人がいて、一人の中で付けたり離したり、の人もいます。

では、「合」はというと、こちらも不安定で、第一、二画を付けるか、離すかの違いは「金・全・今・会・企・含・余・令」字などに見られます。これらの文字の第一、二画の書きはじめには別の書き方もあって、〝入りヤネ〟や〝人カンムリ〟状のものがありますが、中には、第一、二画がX状に交差しているものもあります（図14）。

書く順序にも同じようなことがあって、字形が似ているのに筆順が違う文字があります。「右」の第一画は左下に払う字画で、上の横画は第二画ですが、形が似ていても「左」はこれと反対で、上の横画が第一画で左下に払う字画が第二画になります。「有」は「右」と同じ書き順、「友」は「左」と同じ書き順ですが、千人について、この書き方の違いを調べてみたら、

「右」を第二画の横画から書く人は六九・七パーセント
「有」を第二画の横画から書く人は七一・五パーセント
「左」を第一画の横画から書く人は八六・二パーセント
「友」を第一画の横画から書く人は九九・〇パーセント

で、原則筆順などにはおかまいなく横画から書き始めている人が多いのが実状です。

「右・左」字などには筆順とは別に骨組みの違いもあります。常用漢字では「右」は

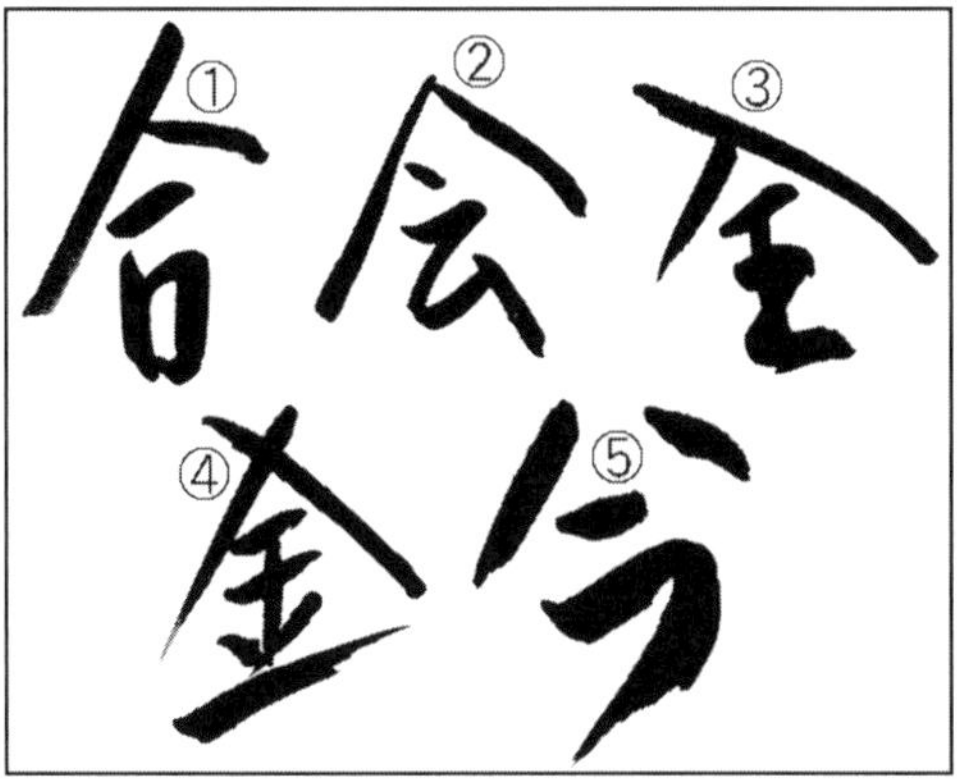

図14　「合、会、全、金、今」字の第1・2画部の起筆位置の違い
①〜⑤の違いは「分、盆、貧」字などにもある

左払いが短く、「左」は左払いが長いとされていますが、多くの人の書き方を見ると、この違いは無視されていることが多く、違いはほとんど見られません。

筆順の実行率が二つに分かれる文字には「九・丸」もあって、それらの文字を標準通りに、左払いから書く人は「九」では六二・四パーセント、「丸」では五九・一パーセントで、書き始める字画が違っています。長い間使われてきた平成の「成」では、七八・八パーセントの人が第二画の横画から書き始めていて、左払いの第一画から原則筆順どおりに書く人は二一・二パーセントでしかありませんでした。原則筆順無視の典型的な例と言えそうです。さて、あなたの書く文字はどうでしょう。

字画の骨組みの違いは常用漢字表が示していますし、書き順については一九五八（昭和三十三）年に文部省が示した『筆順指導の手びき』がありますから、法文書の鑑定ではそれらを基準として文字の統一を図っていますが、文字は意味が通じるように書かれていればよいので、骨組みの違いや筆順の違いがあっても、日常生活では気にするほどのことではないようです。それにしても、義務教育では皆さんが同じに教えられてきているはずですが、社会でこのように違うのはなぜでしょう。もっとも、筆順の違いがあるから筆者識別が成り立っているのでしょうから、書き方の違いに感謝しなければならないと言えるでしょう。

第五話　本名から生まれる異名（偽名）

歌舞伎役者や寄席芸人の芸名、作家のペンネーム、相撲の四股名《しこな》などはどれも善玉の異名で、師匠や先代の名を襲名するのは、その名を後世に残すための、特に善玉の異名と言えるでしょう。犯罪者が使うのは、人をダマしたり、自分を隠すための悪玉の異名ですから、世間ではこれを「偽名」と呼んでいますが、警察では「異名」と言って「偽名」は使っていません。

静岡県の下田、福島県の郡山、山形県の天童などは距離的に離れていますが、警察庁は手口の判断で、同一犯による「広域けん銃強盗事件」としていました。

現場近くから集めた宿泊人カードに書かれている名前を見ると、

下田では、佐藤進、佐々木進、佐々木忠雄、佐々木勇

天童では、佐藤純、佐々木純一、佐々木純雄、高橋進、高橋一雄

郡山では、佐々木安雄、高橋安雄などの名前が使われていて、「佐々木、佐藤、高橋」や「進、雄」などが共通していました。そこで、現場付近から集めた署名の筆跡を鑑定してみたところ、それらの筆者は同一人であると判断されました。

容疑者が使う異名の中には本名の文字が使われていることが少なくありません。警察庁の指紋センターにある犯歴票の中から、異名があって、本名が確かめられている五百人分を取り出して異名の付け方を検討したところ、本名の文字を二字使っているのが最も多く、出現率は全体の二七・五パーセントを示していました。

本名の文字を一文字だけ使っているものと三文字を使っているものの出現率は同じ程度で、それらの出現率は一八・三パーセントと一八・五パーセントでしたから、異名全体では、半数以上に本名の文字が使われていることになります。中には、「田中富美子」が「中田富子」だったり、「田村博」が「村田博司」だったりと、文字の配置や読み方は違いますが、本名の文字を全部使っているものもあります。

さて、使われているのは名字と名前のどちらの文字が多いでしょう。名字に対して名前に本名の文字が使われている方が多いようでしたが、その数は名字の一・三倍程度でしかなく、大きな違いは見られません。

伊香保温泉で旅館の支配人をしていた斉藤さんは、「男女二人連れの客が宿帳に書いた住所に年賀状を送ると、戻ってくるものが少なくなかった」と言っていました。住所にも異名があるようですが、斉藤さんは、「おおかた、他人に知られたくないお二人の旅人だったのだろう」と言っています。

異名ではありませんが、大手タイヤメーカーのブリヂストンは、一九三一（昭和六）年に設立したときは「ブリッヂ・ストン」だったそうです。創業者の石橋正一郎氏が名字の「石橋」を置き換えて英語読みにしたものと言われます。

社名には「オムロン」もあります。創立者の立石一真社長は社名が立石電機だったころ私に、「商標の〝オムロン〟は地名から採ったもので、会社の創設が京都の御室（オムロ）だったから」と言っていましたが、〝オムロン〟の名が知れ渡ったためか、一九九〇（平成二）年からは、社名をオムロンに変えています。

青森県のスキーメーカーも、元は「青森スキー」が社名でしたが、「青森」名は垢抜けないということで、青森の「青」をブルーと呼び、「森」を欧風にモーリーと呼んで、社名や製品名を「ブルーモーリー」としています。

Jリーグのコンサドーレも「道産子」の読みを逆にして、ラテン語風にドーレを付けたものだそうで、一九九六（平成八）年に一般から募集したものだと言われますが、社名や商品名であっても、それらがどれも、本名や地名から生まれているのを見ると、これらも異名の仲間ということになりましょう。

第六話　異体字と呼ばれるさまざまな漢字

異体字には定義がないと言われていますが、常用漢字を正字とすれば、そのほかの漢字はどれもみな異体字ということになりましょう。

兵庫県警科捜研の小林さんは「現代における異体字の通用に関する調査研究」（二〇〇二年六月・金沢工業大学日本学研究所『日本学研究』第五号）で、三百九十字もの異体字を挙げています。異体字を覗いてみると、そこにはいくつかの系統的な違いがあるようです。字画の省略がその一つで、「関・開・閲・間」などでは〃門がまえ〟の左右の縦画の上の部分を一本の横線で繋いで、中央に点を打ったものがありますが、「雲・雪・雷・零」では〝雨かんむり〟の点画を縦線に省略したものがありますし、同じような省略には「母」の中の点画を縦線で続けて書いたものもあります。別の省略文字には、「事」字の〝口〟状部分を点で表したものや、「来」字の左右の点を〝一〟状の横線としたものなどもあって、これらはどれも省略系と言えそうです。

一方、省略系には、「働」字の〝動〟部に〝力〟を書いたものや「職」字の〝つくり〟を〝ム〟に変えて「耳ム」としたものは、字形を変えたもので、「警」字の左上の〝苟〟部を縦線で〝リ〟状に変えて「警」としたものなどもあります。

また、変形の代表的な文字には「四」や「西」があって、「四」の第三、四画は「署」や「罰」、「西」の第四、五画は「票」や「要」などの上の部分と同じように、四角で囲まれた中の左払いと、右に折れる字画が縦方向に直線的に書かれているものがあります。「直線で書かれているのが『四』や『西』の正しい字形だと思っていた」と言う人もいて、それらは日常的に広く使われていますが、これは変形系の代表と言えるでしょう。

異体字として扱われている漢字には書写体も含まれますが、最も多い異体字には旧字体があります。今は異体字とされていても、旧字体が正しい漢字とされていた時代のものが、そのまま使われているものに氏名があって、名字では「淺井・廣田・渡邊・濱村・高澤・澁谷・中澤」、名前では「實・隆・寬子・薫・靜江・冨子」などがありますが、これらは異体字扱いの中では、旧字体系とでもなりましょうか。この人たちは本名が異体字になりますが、私の「吉田」の書写体もその仲間入りということになるでしょう。ですが、どれも誤字ではないので、戸籍の上では正字と同じに扱われています。異体字にはさまざまな系統があるようですが、それらが違った状態で存在しているから定義付けられないのかもしれません。

異体字であっても、それが本名であれば替えるわけにはいかないでしょうが、日常的には、「廣田」を「広田」、「渡邊」を「渡辺」、「中澤」を「中沢」、「實」を「実」、「靜江」を「静江」と書いている人は少なくありません。「形はどうであっても、名前を間違えて読まれなければよい」が優先していて、本人は自分の名が異体字などとは考えていないでしょう。

年号の「令」字の最終画を左上から右下に向けて斜めに書くと異体字になりますが、どちらを書いても日常的には、「令和」として通用しています。

日常生活の場では常用漢字以外のさまざまな文字が使われていますが、それらの文字をわかりやすく説明してくれたものに、文化庁編の『文化審議会国語分科会報告』（三省堂）というのがあります。正字（常用漢字）ではなくても、間違いなく読むことができて、意味が通じればよいのが異体字とでも定義しておきましょうか。

第七話　法廷で問題視された漢字の部首名

法廷で被告の代理人から「貴方の鑑定書には誤りがある」と言われました。「あなたの鑑定書には〝ぼくづくり〟とありますが、これは、正しくは〝ぼくにょう〟と言います」「〝とかんむり、とだれ、どうがまえ、うけばこ、いとがしら〟は、どれも誤りと認めますか」と言われてしまいました。

被告の代理人は、さらに続けて「〝どうがまえ〟ではなく〝えんがまえ〟、〝うけばこ〟ではなく〝かんにょう〟、〝いとがしら〟ではなく〝おさなへん〟でしょう。これは大学の国文科の先生のご指摘ですよ」と勝ち誇ったように説明しています。

裁判官は「証人、お答えください」と言います。法廷で部首の説明をするなどとは考えていませんでしたが、仕方がありません。鞄から資料を取り出して答えることにしました。

「部首の名は、それを使う分野によって違っていて、同じ部首にいろいろな呼び方があります。

書写書道用語辞典の部首名一覧表
漢字書き順字典の部首の名称と画数
日本活字工業会の新部首配列法
写植機文字配列の一寸の巾式配列法
邦文タイプライターの音訓別配列法
日本習字普及協会

などでは同じ部首の名称が違って示されています」と並べ立てて説明をした後で、「例えば、漢字能力検定では〝くるま〟と〝その他のくるま〟としていますが、

ＪＩＳ－Ｘ０２０８の部首一覧では、すべての『車』を一括して〝くるま〟としています。ＪＩＳ－Ｘ０２０８では〝ひとがしら〟と〝にんべん〟を一括して〝ひと〟としていますが、漢字能力検定では、それを〝にんべん〟と〝その他のひと〟に分けています。

同じようなことはまだあります。漢字能力検定では『幼』字の〝へん〟を〝いとがしら〟と名付けていますが、植字の分野ではこれを〝おさなへん〟と呼んでいます。『球』字の〝へん〟には〝たまへん〟と〝おうへん〟、『銀』字の〝つくり〟には〝ねづくり〟と〝こんづくり〟、『老』の〝かしら〟には〝おいかんむり〟と〝おいがしら〟がありますが、『同』の〝かまえ〟にいたっては〝どうがまえ〟と〝えんがまえ〟のほかに〝まきがまえ〟、〝けいがまえ〟のように多くの呼び方があって、それぞれの専門分野で違った呼び名を使っています。ご質問にあったのは誤りではなく、それを利用する分野が違うための名称の違いです。

わたしたちは、このような不都合を除くために、日常的にわかりやすい名称を選んで、『一部首一名称』として犯罪関係の学会誌に報告しています。私の鑑定書はその統一名を使ったものですが、ご質問の名称の違いは部首一覧として列挙していますので、後ほどお届けいたします」。

回答が少々長くなったようでしたが、説明を終えて返事を待つことにました。

訴訟代理人はこの説明を黙って聞いていましたが、裁判官が代理人に向かって、「おわかりですか。何かご質問は」と言ったら、代理人の答えはたったひと言、「結構です」だけでした。なにが結構だろう。あれほどしつこく質問していたのに。こちらは「わかりました」を期待していましたが、それはありませんでした。

裁判官に「終わります。お帰りください」と言われて、やれやれでしたが、鑑定という仕事には異同識別ばかりでなく、こんなこともあるのだとは、帰りの電車の中での考えでした。

訴訟代理人は何と考えたでしょう。勝てると思って持ち出した尋問だったようですが、傍聴席に依頼人がいる前でとんでもない結果になってしまいました。訴訟代理人の尋問は、にわか仕込みの素人考えだったようですが、一緒に聞いていた依頼人には、この結果をどのように説明するのでしょうか。

第八話　筆順には〝誤った筆順〟はない

インターネットに図示されている「田」字の解説には、「『田』という字の筆順の着眼点は、第三画から五画にかけての『土』の部分の運筆がある。正しい筆順は『タテ・ヨコ・ヨコ』だが、半数の人は『ヨコ・タテ・ヨコ』と運筆している」とあります。一方、関西の某大学教授は、学生を対象とした筆順の調査結果を挙げて、「もちろんそれは誤った筆順の範疇のものとなる。その結果、表のような正答率を得ることができた」として、筆順を正誤に分けて説明をしています。

成人男女千人について筆順を調査した著者らのデータでは、「田」字には筆順が五種類あって、「土」部を「タテ・ヨコ・ヨコ」と原則筆順で書く人は四四・三パーセント、「ヨコ・タテ・ヨコ」と原則外筆順で書く人は五三・八パーセントで、ほかの三種類の筆順はどれも出現率が一パーセント以下で希少性のある書き方となっています。ここで言う「原則筆順」とは、一九五八（昭和三十三）年十二月に文部省が、教育漢字の指導において筆順を統一するために作った『筆順指導の手びき』にある筆順のことで、「小学校・中学校国語科の書写における筆順の指導は　＝中略＝　『筆順指導の手びき』によることが望ましい」としている筆順のことですが、この手引きは、「ここに取りあげなかった筆順についても、これを誤りとするものでもなく、また否定しようとするものでもない」と断っています。

元・文部省の視学官で早稲田大学教授でもあった藤原宏さんも『漢字書き順字典』（第一法規）のまえがきで、「一般に習慣となっている筆順に従って文字を書かないと、誤りだといったものではありません」と言っています。先のインターネットの解説や大学教授の説明は、原則筆順を参考にしているようですが、筆順を正しい筆順と誤った筆順に分けているのは誤りで、文部省や藤原氏によれば、筆順には、〝正しい〟や〝誤った〟などはないことになりましょう。

一九五二（昭和二十七）年一月二十一日に北海道で起こった白鳥事件（警察官射殺事件）の鑑定人は北海道の大学教授でしたが、鑑定書にある「長」字の説明では、「第一の特徴は第一画と第五画との間の間隔（第四画に沿っての）」「第一画と第五画の長さの比（第四画の位置での）」などとしていて、カッコ内に断り書きを入れています。

「（第四画に沿っての）」や、「（第四画の位置での）」としていますから、この教授の言う第四画は、原則筆順が第一画としている左の縦画を指すことになって、ここで言われる第一〜三画と第五画は、いずれも「長」字の横画を指すことになるでしょう。

書き順は違っても、文字が正しく書かれていればよいはずですが、筆跡鑑定では、鑑定人によって同じ文字の筆順の説明が違うと、鑑定書を読む人が混乱することになりかねません。

長い間使われてきた「平成」の「成」や「長野県」の「長」は上にある横画部から書き始める人が多く、ちなみに、「長」の筆順を調べたら、八割の人が一番上の横画、次に左の縦画、その後は上から二番目の横画から順に横画を書いていました。「成」でもやはり、八割近くの人が上の横画、次に左払いの字画を書いています。『筆順指導の手びき』では「成」も「長」も左端の縦画から書くことにされています。

手書きの文字では、第一、二画の書き順はどちらが先でもよいようですが、原則筆順は「右・有・九・丸・感」では縦画が先で横画は後、「左・友・原・反・暦・圧」では横画が先で縦画は後とされています。ですが、縦横の長さの違いや筆順の違いを考えながら文字を書いている人などいるでしょうか。もっとも、『筆順指導の手びき』は学校教育のために作られたものですから、いつまでもそれにこだわっていることはないでしょうが、日常生活の中で文字を書くときに、いちいち筆順を考えている人がいないおかげで、筆者識別が成り立っているとも言えそうです。

第九話　気付かずに書かれている誤字と誤用

正しい文字に対して字画の多い、少ないがあったり、文字の骨組みが正字と違っているのが誤字で、「裕・複」字の第四画を欠いていて〃しめすへん〃を「ネ」と書いたものや、「具」字の〃目〃部に「月」を書いて、縦画の下の端が横画（第六画）に接しているものなどはいずれも誤字になります。

誤字には「鳥・島」の第六画の横画を欠いたものもあって、鳥取県や島根県の研究員の調査によれば、この種の誤字は少なくないそうです。「鶴」字の〃ワかんむり〃部分に〃ウかんむり〃を書いて、その下に「隹」を書いた誤字もあって、氏名の「鶴田」や地名の「鶴見・舞鶴」などの〃ワかんむり〃部に〃ウかんむり〃が書かれている誤字も少なくありません。年賀状の宛先にはしばしば見ますから、「鶴」を必要とする人以外は、はじめから「ウかんむり」と覚えているのではないでしょうか。

誤字の中には「博」字の右上に点がなく、「専」字の右上に点を書いたものもあって、この誤字は少なくありません。点のあるなしではなく、「博」も「専」も同じ骨組みと考えている人もいるようで、「アレ？　違うのですか」と言った人がいました。ほかにも、「横」字の〝由〟部に〝田〟を書いたものもあって、それらは「横浜・横須賀」の「横」字などにしばしば見られますが、書いた本人はそれを誤字と知らずに書いているのですから、「島・鳥・鶴・横・博・専」などの誤字は、多くの人に共通する書き手の書きぐせと言えるでしょう。

一方、書かれている文字は正しい文字でも、文字の使い方を誤っているものが誤用です。「群馬県」を「郡馬県」と書いた「郡」字や「文京区」を「文教区」と書いた「教」字などはいずれも誤用となりますが、書いている本人はそれが誤りと気付いていないのですから、書くたびに誤った文字が書かれているようです。ですが、誤用は誤字と違って、それを読む人が、「オヤ？」と気付くことが多いようです。

誤用の漢字の中には、「異動」を「移動」としたもののように発音が同じで意味の違う文字が書かれている例もあります。誤用は誤字と違い書かねばならない文字自体を誤ったもので、書かれている文字はどれも正しい文字ということになります。

第十話　筆順が多い「必」と、一字に七十通りもある「蔵」の筆順

文字は正しく書かれていれば書き順などどうでもよいでしょうが、子供に文字を教える先生によって筆順が違っていたら、生徒が困るだろうと考えたのが当時の文部省で、一九五七（昭和三十二）年に漢字指導のために一字一筆順とした『筆順指導の手びき』を編集しています。

同じ文字でも筆順が違えば、それによって書いた人を見分けることができるから、筆跡鑑定では筆順を識別因子の一つとしていますが、そこでは、あらかじめ誰もが書く筆順と、希少性のある筆順を知っておかねばなりません。

離島を含めて日本の北から南まで、成人男女千人について行った筆順の調査では、全員が同じ筆順で書く文字は、字画が二画の「人・八・力・十・七・丁」字ぐらいだ

ろうと思っていたら、とんでもないことになりました。全員が同じ筆順で書く文字はほかにもたくさんあって、「下・久・夕・大・小・子・工・巳・己・才」、「予・仁・今・仏・元・公・引・天・太・木」、「月・欠・付・代・令・冬・包・休・伝・次」、「多・会・行・見・具・知・係・俗・後・訓」、「規・設」字なども筆順が一種類だけだったのは驚きでした。ですが考えてみると、これらの文字も筆順を変えて書くのは困難のようです。

一方、一字に筆順が三十以上もある文字を見ると、「進・推・権・護・難・雑・勧・歓・奮・蔵」字があって、「蔵」を除けば、どれにも「隹」が付いています。このことから、筆順を増やしている犯人は「隹」と言えそうです。それらのうち、一字だけ「隹」を含まない「蔵」の筆順を見ると、なんと七十もの筆順があって、筆順が多い漢字の筆頭となっています。

変わり種には「成」字の第一、二画（上の横画が第二画）があって、文部省が決めた原則筆順の実行率は一七・〇パーセントでしかないのに、第二、一画の順に書く原則外筆順の実行率は六五・九パーセントで、半分以上の人が原則とは違う筆順で「成」

字を書いています。

原則筆順と原則外筆順の実行率を追ってみると、「区」は原則筆順の第一〜四画が四一・八パーセントであるのに、原則外筆順の第一、四、二、三画で〝はこがまえ〟を先に書いて中に〝メ〟を入れる人は四五・一パーセントもいます。この方が書きやすいのでしょうか。「右」の第一、二画では原則筆順の第一、二画が三〇・二パーセント、原則外筆順の第二、一画が六九・七パーセントですが、「有」も同じようで、第一、二画は原則筆順が二八・五パーセント、原則外筆順の第二、一画が七一・五パーセントです。

学校で文字を習ったときは原則筆順で教えられていたはずですが、卒業して社会に出てしまうとそれが違ってしまうのはなぜでしょう。横画から書き始める方が書きやすいからのようですが、書く人によって同じ文字の筆順にいくつもの違いがあるので、筆跡鑑定が成り立っているのかもしれません。

それにしても、字画が五画でしかない「必」字に三十種もの筆順があるのに、字画が二十画もある「競」、字画が十六画の「頭」や十五画の「質・器」に筆順が三種類しかないのも不思議の一つでしょう。あなたの書き順はどれでしょう。原則通りか、原則外か、興味のある問題と言えそうです。

第十一話「千」を「干」と書いても誤りにならない

手書き文字には逆運筆や分割運筆というのがあります。「のぎへん」の第一画は、右上から左下に向かって斜めに書くのが常用漢字ですが、これを左から右に向かって書いた逆運筆も少なくないのが世の中です。「のぎへん」の第一画を左上から右下に向かって書いたものや、それを点状、横一状に書いたものなどもありますが、それらはどれも誤字として扱われることはありません。

ペンを運ぶ方向が常用漢字と逆なので、筆者識別ではこれを〝逆運筆〟と呼びますが、方向や形が常用漢字と違う文字はほかにもあります。「京」の第一画には、左上から右下に向かう点状と、同じ右下方向に書く線状、水平方向に書く横一状、垂直方向に直線的に書くものなどがありますが、これらの書き方は書く人に定着しています。

一筆で書かねばならない字画を二筆に分けて書くのが〝分割運筆〟ですが、代表的な文字には「医」や「区」の最後のL状の字画を縦画と横画に分けて書くなどがあります。逆運筆や分割運筆は書き方が違うだけで字体は誤っていませんから、筆者識別ではそれを筆者の書きぐせ（筆跡個性）と見て、誤字とはしていません。「のぎへん」で書かねばならない「私」字の〝へん〟に〝木へん〟を使ったり、「冷」字の〝にすい〟に〝さんずい〟を書いたものなどが誤字で、この世に実在しない文字ということになりましょう。

ですが、まったく違う文字が書かれているのに、誤字とも誤用とも言えない文字があるのをご存じでしょうか。「千代田区」の「千」が「干代田区」と書かれていても、「千葉県」の「千」が「干葉県」と書かれていても、郵便物は間違いなく配達されます。「干」字は「ほす」で、数を示す「千」字とは縁もゆかりもない文字ですが、「千」として扱われるのはなぜでしょう。「干代田区」や「干葉県」の「干」を見た人が、「千」の第一画を逆運筆と解釈してくれているからでしょうか。次に書かれている「代田区」や「葉県」の影響もありましょう。

では、お金の「千円」を「干円」と書いたらどうでしょう。注意されるかと思うとそうでもなくて、「干」の第一画を左上から右下に向かって線状に書いても、点状に書いても、あるいは水平方向に書いても「円」が付いていれば、その文字は「千」と解釈してもらえるようです。使う場面にもよりますが、「干」イコール「千」の解釈があることから考えると、「干」は誤字や誤用と言えないでしょう。

「干」は「千」の第一画の逆運筆で片付けられるかもしれませんが、「干」は正しい文字として実在しますから、単に逆運筆ともできません。苦しまぎれに「干」は「千」の変則字とでもしておきましょうか。

第四章
文書鑑定雑稿

第一話　ヨーロッパで生まれた「科学捜査」

沢口靖子さんが演じるテレビドラマ『科捜研の女』で知られる「科学捜査」の誕生はどこでしょう。科学捜査研究所の顧問で、わが国法医学の第一人者の浅田一博士は、「いわゆる科学的捜査と称される鑑識捜査法が創始され、発達したのは独逸、墺太利に於いてであって、英国や米国では最近ようやく関心を持たれるようになったのである。独逸、墺太利は警察力の最も強大な国であり、英国や米国はいわゆる自由の国と称される国柄である。自由の国英米に創《はじ》まらずして、独、墺のごとき警察力の強大な国に於いて創められ、発達したのは何故か？　警察力の強大な独逸や墺太利では、警察は些細の理由でも人民を強制し、同行や検束もするし、亦拘留なども容易にできたのである。斯様な関係からして、どうもすると人民が非常に迷惑を蒙《こうむ》るやうなことが少なくないので、遂に一般民衆の間から警察攻撃の輿論《よろん》が起こり、その声は次第に高くなってきた。ここに於いて警察側でもその輿論に刺激されて、種々研究を重ねた結果、所謂《いわゆる》科学捜査法なるものを案出し、これに依って證據《しょうこ》の蒐集獲得方法に一大改革を加えたのだということである。従って、所謂科学的捜査と称ばれる鑑識捜査法は、自発的に創められたものではなく、全く他動的に実用に迫られて生まれてきたものである」と言っています。

一方、大正から昭和にかけて警視庁の鑑識課長であった吉川澄一氏の一九四〇（昭和十五）年の内務省警察講習所の講義録には、「国法の要求する人権を尊重しつつ、しかも犯罪捜査の能率を増進するには、いったいどうすればよいか、という問題であります。而《しこう》してこの問題を解決するには、結局、犯罪捜査の科学化以外に途なし、との結論に到達するのであります。近時科学的捜査法とか、或いは合理的捜査などという言葉が流行し出して来た。之も時勢の進運にともない必要に迫られて出現したのだと思ふ。科学的捜査とは、犯罪捜査に際して科学を応用する捜査法と謂う事である。例えば物理や化学、或いは法医学、心理学、若しくは指紋、写真其の他色々の科学を応用して犯罪捜査の目的を達しようといふことである。科学的捜査といふ言葉は自由の国と称される英国や米国では、あまり聞かぬといふことである。之は警察力の最も強大なる独逸や墺太利等から流行し出したとのことである」とあります。

一九一一（明治四十四）年には、警視庁第一部に刑事課が置かれていますが、そこには鑑識係があって、一九一九（大正八）年五月には鑑識係に理化学研究室が誕生しています。一九二二（大正十一）年八月二十七日に刑事課が刑事部に昇格して独立し、鑑識係が鑑識課になっていることを考えると、わが国における科学捜査はその当時すでに考えられていたのではないでしょうか。

浅田一博士や吉川澄一課長の発言から見ると、科学捜査はヨーロッパで生まれたもののようで、科学捜査研究所の発足当時の案では「犯罪科学研究所」とされ、設立事務所には「犯罪科学研究所」の表札を掛けていたそうですが、当時は占領下であったことから、ＧＨＱの要請で「犯罪科学」を「科学捜査」としたそうです。そうだとすると、ヨーロッパで生まれた科学捜査はＧＨＱ経由で日本に入ってきたことになるでしょう。

現在の「科学警察研究所」は、元は「科学捜査研究所」でしたが、そこに捜査以外の交通安全や防犯少年などを扱う部が加わったことから、〝捜査〟を外しています。はじめの案では「警察科学」でしたが、その名はすでに民間会社の「警察科学研究所

（現ＰＳインダストリー）」が使っていたことから、「警察科学」を「科学警察」に置き換えた経緯があります。

全国の都道府県にある「科学捜査研究所」の中には、元は「科学検査所（警視庁ほか）」であったのが、「科学捜査」に統一されています。「科学捜査」の語の流れがおわかりいただけたでしょうか。

ヨーロッパ生まれの「科学捜査」の孫《まご》子《こ》は今日、わが国全体に広がっています。テレビドラマのタイトルにまでなっている「科学捜査」ですが、その誕生と生い立ちを知る人は少ないようで、詳細を具体的に示したものには、元大阪府警察本部長・前田利明氏の著書『警察五十年』があるに過ぎません。

第二話　日本語版小冊子もある「ＦＢＩ御案内」

ＦＢＩ依頼の仕事が終わって、ＦＢＩのジミー・ナカダ氏とニュージャージー州ニューアークからアムトラックで三時間、一九八八（昭和六十三）年十一月三十日、ワシントンに着いてＦＢＩの本部を訪れると、建物に入るのに一般の見学コースから外れて二重のボディチェックがありました。入り口のチェックは一般の見学者と同じでしたが、部内に入る者には別のチェックが行われました。許可証を胸にした、私の行き先は内部の試験室のドキュメントセクションです。

このとき、ジミーが持ってきてくれたのは、表紙に「ＦＢＩの御案内」と日本語で書かれた小冊子でした。日本語のＦＢＩ案内が用意されているのです。誰のために、でしょう。冊子には、「ＦＢＩが一九〇八年七月に創立された時はまだ検察局と呼ばれました。ＦＢＩは創立以来その組織と責務が次第に大きくなりました。ＦＢＩはある一定の犯罪から国家安全に関する犯罪に至るまで数多くの連邦犯罪を捜査します。全国に散在するＦＢＩ庁舎は肝要な場所に位置してあるのでＦＢＩ特務要員がごく短時間の内に犯罪の現場に出動することができます。私共は犯罪の事実や証拠を収集する外に他の色々の法執行機関を援助する重要な仕事を果たしています。例えば、警察訓練、指紋鑑識、又犯罪試験室のサービスです」と説明されています。

ドキュメントセクションについては、「ＦＢＩ試験室の文書課は、筆跡、手を使った印刷、偽造、タイプライター印刷物、小切手金額印刷機の形跡、インク、紙、くつの踏み跡、車のタイヤの通り跡、写真複写、又写真分析等の数多くの試験をします。この課独特のものであり、かつ将来の参照のために備えてあるファイルには、全国の詐欺小切手のファイル、匿名の手紙のファイル、銀行強盗のノートファイル、全国の盗難芸術品のファイル、くつの踏み跡、車のタイヤの通り跡などのファイル、さらに標準タイプライター印字のファイル等があります」との説明があります。

ドキュメントセクションでの仕事は日本の科学捜査研究所と違っていました。鑑定を必要とするものによって担当が分かれているのは日本と同じですが、違うのは個々の持ち場がほかの分野と連携していることです。筆圧痕や不鮮明文字、改ざん文字の検出などは、自動車のツールマーク（タイヤ痕）や、防犯カメラがとらえた容疑車両のナンバーの鮮明化などと同じところで同じ担当者が扱っていて、ドキュメントセクションではありません。これは、「どれも使う機器やテクニックが同じであるから」と言います。

日本では、筆圧痕は文書研究室、ツールマークは機械研究室、ナンバーの鮮明化は物理研究室のように担当が分かれていて、それぞれの部署に同じような機材が準備され、担当者も違っています。いわゆる縦割りですが、この点、ＦＢＩ方式は合理的と言えるでしょう。

ドキュメントセクションの入り口では、女性職員が現場から送られてきた鑑定資料のすべてを撮影していて、写した写真はファイルに整理しています。壁に沿って並んでいる多くのキャビネットの中には、犯罪にかかわった小切手や匿名投書の原本、銀行強盗ノート、盗難芸術品のファイルなど膨大な資料が保管されていて、発生した事件との関連を検討するための参考にされています。

写真室は独立していますが、そこには大型の製版カメラが何台も並んでいて、さながら印刷工場の製版室のようです。通常は、エイトバイテン（8×10インチ）で鑑定写真を撮影していますが、さらに大きい版の写真を撮ることも可能と言います。資料を原本と同じ大きさで撮影するのがＦＢＩの写真撮影の原則だそうですが、これでは膨大な量のストックができることになりそうです。隣には、赤外線写真専用室や紫外線と蛍光写真専用室が並んでいて、ここではＸ線写真も扱われていました。機器の整備と検査システムは、さすがはＦＢＩと言えるでしょう。

ドキュメントセクションでの話が終わって、ジミーがＦＢＩの売店に案内してくれました。トレーニングシャツや運動帽、靴などの衣類から、ボールペンなどの文房具に至るまで、日常生活に必要なもののすべてが売られていましたが、どれにも「ＦＢＩ」の文字が入っています。身分証明書がないと買えないものもあって、上着に付けるワッペンや車のフロントガラスに内側から貼るステッカーなどがそれでしたが、「このステッカーを貼っておけば駐車違反でも捕まらない」と言って、ジミーが身分証明書を使って買ってくれました。「これで交通違反はＯＫ！」と笑っていましたが、日本でＦＢＩが通用しないのは承知の上でのジョークです。ステッカーをフロントガラスの内側に貼るのは、盗まれないためだそうで、さすがはＦＢＩ、用心は怠っていません。ジミーにワッペンと「ＦＢＩ」と書かれた運動帽とＴシャツをプレゼントされましたが、これらは、ここ以外では買えないそうです。

ＦＢＩのビル内はどこも禁煙ですが、各フロアに一か所だけタバコを吸うことのできるトイレがあって、そこには女性も入ることが許されていました。窓が開け放されていて、「煙は全部外に出ます」と説明されました。ジミーはＦＢＩのビルの中で働いている人の健康のためですと言っていましたが、外を通る人の健康はどうなるのでしょう。

第三話　指紋を廃止とした中曽根康弘の覚書と法務省の水面下の調査

法務省入国管理局から「署名制度における同一人性確認システムに関する調査研究」という調査依頼があったのは、一九九一（平成三）年の春でした。法務省の係官は、「外国人登録票に押す指紋を廃止して、代わりに署名を使うための事前の調査です」と言ってきましたが、これは、内閣総理大臣の中曽根康弘と韓国大統領の盧泰愚（ノ・テウ）が交わした、指紋を廃止するとの覚書を実施するための準備で、いくつかの問題を解決しておきたいのだそうです。調査項目に挙げられていたのは、

署名の安定的採取法
署名の経年的変動
同一人性確認の識別照合法
偽造署名の排除方法

署名による同一人性確認の精度

署名制度採用に当たっての留意点

ですが、この質問は、どれも一筋縄では答えられない問題ばかりです。

第一の問題点は、これらを扱う係員をどうするかです。採取は誰にでもできるでしょうが、識別のための照合や偽造の排除などは、窓口の職員では困難というより、むしろ不可能と言えるでしょう。指紋と署名を同じレベルで差し替えられないのはわかっていても、「総理大臣と大統領の覚書は国と国との約束であるから何とかしなければ」が法務省の考えのようです。

「安定的な採取法」一つをみても、署名をする記載枠の大きさ、筆記具、書くときの姿勢と環境など、署名をする人の立場を考えねばなりません。

年齢ごとに選んだ百五十名の男女に尋ねたら、横書きでは、縦一〇ミリ、横四五ミリの記載枠が圧倒的に多く選ばれました。この大きさの枠が署名を書きやすいそうです。書くときの姿勢では、立って書くは駄目、机に向かって腰かけて書く、でしたが、特に人に覗かれないように、が多かったのは女性の答えでした。

署名の経年変動に関しては過去のデータがありますが、筆跡の経年変化には個人差が大きくて、十年もの間ほとんど変わらない人がいる反面、毎年変わる人もいます。いったん変えた署名を、元の書き方に戻す人も少なくありません。このようなことから、細かい点は抜きにして、記載間隔を五年未満と決めました。署名の有効期間を五年とする案です。東洋にはサインが身に付いていない人が多いので、五年ごとに新たな署名を採取することにしています。

大きな問題には識別照合方法があります。窓口での照合では、筆者識別のように時間をかけることができません。扱う人が筆跡照合の専門家でない点にも大きな問題があります。難関を乗り越えるために考えたのは、あらかじめ決めた点を利用して不審な筆跡を発見することでした。署名の配字、文字の丸味や角張り、字画の運筆方向、字画の反りの有無とその方向と大小、終筆部のはね、とめ、はらい、複数の字画の続け書きの有無など、ひと目でわかるものに絞って、これを担当者が確かめることにしています。これだけでも窓口の担当者にとっては、負担が大きいでしょうし、ある程度の時間も必要でしょう。

偽造署名の排除はさらに難しい問題です。筆跡には個人内変動がありますから、少しの違いで偽造としてしまったら、と考えると、これは窓口業務には含められない問題になります。一時預かりとする手続きはどうでしょうなど、どうすればよいかを考えた末に浮かんだのが、偽造の防止対策でした。しかしこれは難しく、ひと言では言えない問題ですので、これについては改めて考えることにしています。偽造署名の排除などは、窓口ではほとんどできないことだからです。

最後の留意点には照合のときの問題点があります。わずかな違いだけで不審扱いをしないことで、人権尊重の問題を考えねばならないのは言うまでもないことでしょう。署名も筆跡ですから、筆跡とはどのようなものかを担当者に教育することが必要です。法務省ではやはり担当者を決めて研修を行うことが必要になるでしょう。

韓国の大統領と覚書を交わした中曽根康弘氏は、このような難しい問題があるのを知っていたでしょうか。「指紋をやめて署名にする」、口先で言うのは簡単ですが、中身は大変なことで、指紋と署名を同じに扱うことはできません。

一九九三（平成五）年、法務省は韓国、朝鮮、台湾のわが国の永住者についての指紋押捺制度を廃止しましたが、法務省には外国人全体を対象とする案もあったそうです。このような馬鹿げたことを誰がどこで考えたのでしょう。国によってそれぞれ使う文字が違う外国人の署名を、窓口の誰に扱わせるつもりだったのでしょう。

漢字圏だけを見ても、中華人民共和国の簡体字、韓国のハングル文字、中華民国（台湾）の繁体字でさえ、異同を識別しにくいので、わが国の筆者識別は日本語に限っていて、他国の文字は扱っていません。「机上の案と現場の実務が大きく違うことを考えず、なかば恣意的に進めるのは、どこの役所にもありそうな話」と言ったら、お叱りを受けるでしょうか。

指紋は終生不変、万人不同ですが、「人の書く文字には二度と同じものがない」とは、元国立国語研究所長の林大先生が明らかにしています。「筆跡には個人内変動があり、似ている文字を書く人が皆無ではありませんから、指紋と筆跡はそのまま入れ替えることはできない相談です」と報告書の最後に書き入れましたが、当時の中曽根総理はご覧になられたでしょうか。

もうひと言、使いに来た法務省の人に「『指紋と署名の入れ替えをすべての外国人に』と言った人には、『国によって文字が違うことをご存じですか？』とお尋ねください」と言付けましたが、いまだに返事を伺っていません。「重大な問題に恣意的発言は禁物」は、起案者が認識しなければならないことでしょう。

二〇一二（平成二十四）年七月九日から外国人登録の制度が変わって、外国人も住民基本台帳に記載され、住民票の写しが交付されるようになりました。これを喜んだのは、どこの誰だったでしょう。登録を必要とした外国人よりも、それを受け付ける窓口の係員だったのではないでしょうか。

第四話「インク」と「インキ」はどこが違うの？

「ＩＮＫ（英）」は外来語で「インク」または「インキ」と呼ばれていますが、『日本国語大辞典』（小学館）で「インク」の項を見ると、「（英・ｉｎｋ）（インキ）筆記や印刷などに用いられる有色の液体。ふつう単独で用いる場合は①をさす。①ペン、万年筆を用いて筆記するための液体。赤、緑、黒、青、藍青などがあるが、最も広く用いられる藍青色（ブルーブラック）はタンニン酸に硫酸第一鉄を加えたもの。②印刷インク。③ボールペン、フェルトペン、その他各種の筆記用具で筆記するための有色の液体」と説明されています。ところが、『広辞苑』（岩波書店）の「インク」の項を見たら「インキ」とあって、「ｉｎｋｔ（オランダ）、筆記または印刷に用いる有色の液体。筆記用の青は染料の他にタンニン鉄を含み、印刷用は顔料を油や樹脂で練って製する。インク」とされていました。

そのためではないでしょうが、日常語には「インクジェットプリンター」や「インク消し」、「インクスタンド」などの名前があるのに、商品名になると『インキ消（ガンヂー）』や『インキ消液（ライオン）』などがあって、「インク」と「インキ」が入り乱れています。

『印刷用語の基礎知識２００』（印刷学会出版部）には、「印刷インキとは、顔料とワニス（油と樹脂から作る粘性物質）を練り合わせて作った印刷用インキの総称で、一般の筆記用インクとは区別されている。すなわち、インキは印刷に用いるインキのこと、インクは万年筆などのインキのことである」とあって、インキとインクは、はっきりと区別されています。

『印刷事典』（日本印刷学会編・印刷朝陽会）でも、「インキ着けローラ」、「インキ練りローラ」、「インキベラ」、「インキ拭き取り装置」など、すべてが「インキ」の語ですから、印刷業界では「インキ」が正しい名称と言えるでしょう。「ＩＮＫ（英）」を外来語として発音したときに「インク」と「インキ」が生まれたのでしょうが、こうなるとその使い分けも必要なようで、「ク」と「キ」の違いだけで使われる場所が違っているようです。

法廷で訴訟代理人から「あなたの鑑定書に誤りはありませんか」と訊かれ、「はい」と答えたら、「鑑定書の中に『インク』と『インキ』が書かれていますがどちらが本当ですか」と尋ねられてしまいました。

なるほど、鑑定資料の説明では、「おところ、お名前の印字や記載枠が青色インキで印刷されており」としておきながら、その中に書かれている住所と氏名の説明では、「住所、氏名は黒色インクで書かれている」としていましたから、「『インキ』と『インク』、どちらが本当ですか」の質問は当然のことでしょう。

印刷業界では「インキ」で、筆記用の「インク」と区別していることを説明して、印刷文字では「インキ」、手書き文字では「インク」であることをおわかりいただきましたが、別の贈収賄事件でも、「使われている用紙は赤色インキの罫線が印刷されており、署名はブルーブラックインクで記載されている」としていたため、このときも弁護人から、「この鑑定書では『インキ』、『インク』のように使っている用語が統一されていない」と指摘されています。

どうやら鑑定では「キ」と「ク」の違いは「印刷インキと事務用インクの違いです」の解説が必要になりそうです。いっそのこと、鑑定ではどちらか一方に絞ってしまった方がよいかもしれませんが、鑑定で使うことが多い「インク」の語としたら、印刷業界を代表する学会が示す説明を無視することになるでしょう。

どのように扱うのがよいか、思案に暮れています。

第五話　機械で大量に作られている三文判

甲府から身延線で一時間ほど行くと甲斐岩間という駅に着きます。駅前に「ハンコの里六郷」の大きなアンドンが立っているように、どこまで行ってもハンコ屋さんばかりですが、ハンコを売っているのではなく、ハンコを作っているのです。役場で『六郷町印章誌』という本をいただきましたが、製造工程を紹介する映画もあって、なるほど、ここは役場が先頭に立っているハンコの里です。

役場の人が「私が案内します」と言って最初に行ったのは、つげ印材の製造所です。広場に印材となる木材が山積みされていましたが、「十分に乾燥しないとできあがった印面にゆがみができるから」と説明されました。なるほど、ハンコの面がゆがんでいたら、ハンコの意味がなくなるでしょう。機械で四角の棒材としたハンコの素材は、別の機械で丸や小判形に削られ、決められた長さに切られた後に、印面になる素材の切り口が研磨されています。「ここからハンコが生まれるのです」は作業をしている人の言葉でした。

次に訪れたのは、注文印を専門に扱っているという彫刻業者でした。印材の面に左右が逆の文字（鏡文字）を手書きしていますが、左右が逆なのに書く速さは普通の文字を書くのと同じです。頭の中に左右が逆の鏡文字ができているのでしょう。「一本ずつ書いているから同じハンはありませんよ」と言われましたが、印面に文字を彫っているのは彫刻刀ではなく、高速で回転する錐《きり》でした。

下部町の歯科医の小松さんが、歯の技工用研磨機にヒントを得て開発したものだそうで、印刻業の河西さんらの改良があって、一九六二（昭和三十七）年に完成したそうです。ペンを持つように指先で握って印面を彫ることから、「ペンシル型彫刻機」と呼ばれています。

次に紹介されたのは、「光電式自動彫刻機」と呼ばれる装置でした。半透明のフィルムに描いた印章文字の原図を彫刻機の受光部にセットし、フィルムを透過した光を光電管でとらえ、これを電気信号に換えて彫刻部に送って彫刻するもので、ここでも高速で回転する錐が上下に動いて印面を自動的に彫刻していました。「同じ原図を使えば、複数の同じハンが作れますが、仕上げは人手なので、まったく同じハンコはありません」と、ここでも同じハンコはないことに念を押されました。「同じハンコなどはないのだ」と言いたいようです。

この装置は、大阪の内外精機という会社が開発したもので、その後、この機械を進化させたものに「ロボット彫刻機」と呼ばれるものがありますが、これはパソコンと彫刻機を組み合わせたもので、パソコンに保存されている原図を使って、光電式彫刻と同じ要領でハンコを彫っていて、スキャナーで読んだ画像の彫刻も可能だそうです。「そうだとすると、押されている印影から偽造ができる」と考えましたが、「ハンコを偽造するのに数百万円もする機械を買うでしょうか」と言われてしまいました。

「この機械は多くの印章店が使っているので、今日では、手彫りのハンコなどはないでしょう」というのが案内してくださった方の話でした。

「ここはハンコを機械で彫っている工場です」と言って案内されたのは、三文判を大量生産している作業場でした。なるほど、ここはまさにハンコの製造工場と言える規模で、「パンタグラフ彫刻機」と呼ばれる機械が使われていました。印面の凹凸と同じに作られた大型の母型の凹みの部分を、女性の作業員が手にした針先で満遍なく触針走査をしていました。この手先の動きがパンタグラフを介して縮小され、彫刻部に送られて印材面が彫刻されますが、ここでも高速回転する錐が主役です。

さらにもう一軒、ということで別の作業所に行ったら驚きでした。人手によるわずか数分間の触針走査で、一度に百本近い錐が同時に動いて、錐と同じ数のハンコが作られています（図15）。まさにハンコ工場です。印面が同じハンコが一度に百本も作られるのです。ハンコは一本あれば一生使えるはずだと思っていましたが、なぜこれほど多くのハンコを作らねばならないのでしょう。そう言えば、ある大学の売店のおばさんは、「学生さんはハンが必要になると買いに来ますが、押した後はゴミ箱にポイですよ」と言って笑っていました。

印章店でなくても、駅の売店や文房具店には、ハンコタワーと呼ばれる陳列ボックスがあって、この中には日本の名字の九〇パーセントがあると言われますから、ハンコも消耗品の仲間入りかと考えましたが、それではハンの意味がなくなるでしょう。

岩間にはまったく違うハンコの製造所もあります。印材の面にゴムの薄い膜を作って鏡文字を描いた後に、文字以外の部分の膜を切り取って印材の肌をむき出しにし、ここに強い圧力でカーボランダム（研磨剤）を吹き付けて印面に凹凸を作るのがそれで、水晶のような鉱物質の印材専用だそうです。

一方、ハンコには彫刻をしないものもあります。印面と軸の部分を組み合わせた金型の中に、熱で溶かしたプラスチックを圧力で流し込んで固めたものがそれで、プラ

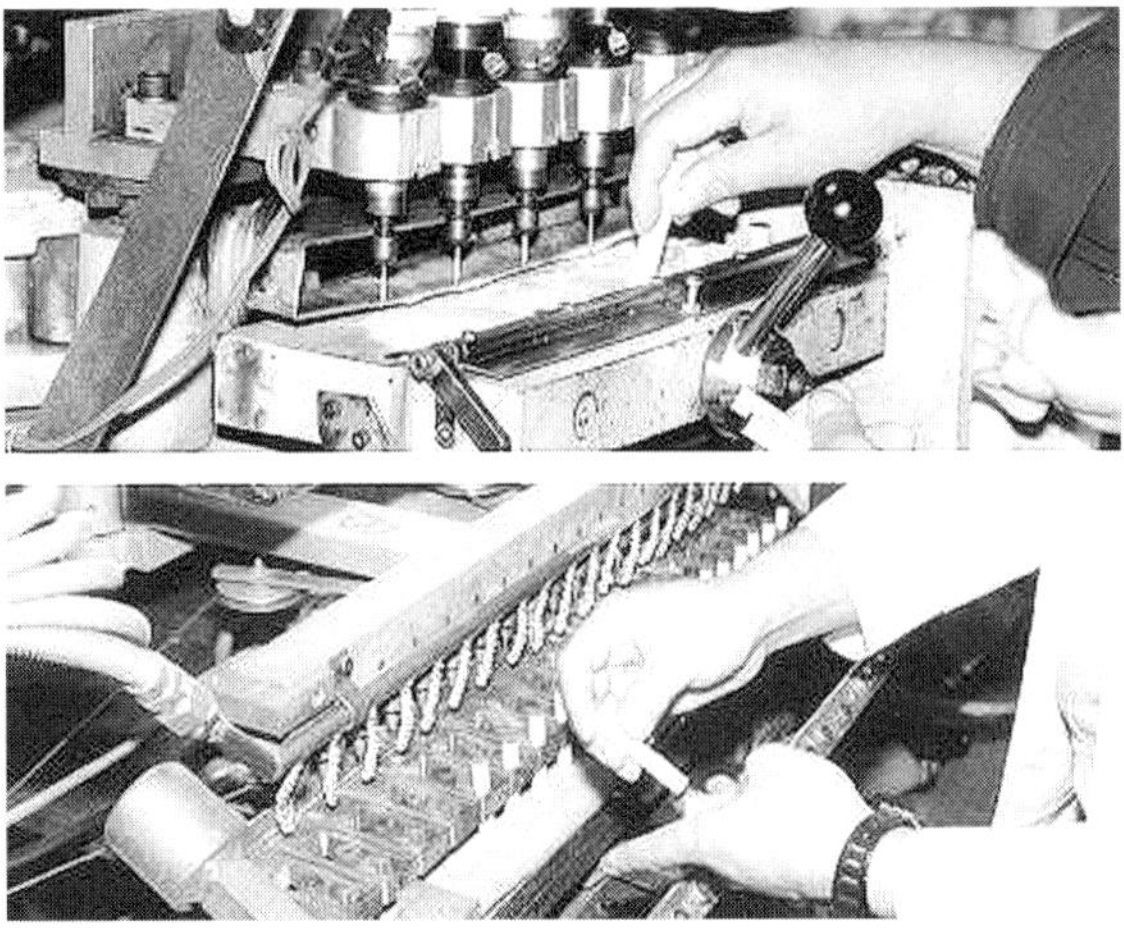

図15　パンタグラフ式彫刻機によって同時に彫られる同一印顆の大量生産工程
上：１００本近くが並んでいる彫刻錐
下：彫刻する印材の取り付け（印面が上向きに置かれる）
高速で回転する多数の錐が同時に下に下がって印面が彫刻される
錐の上下動は手動で行うが、彫りの深さはあらかじめ設定しておくモデルのパーツのように、複数のハンコが繋がって金型から取り出されていました。科学警察研究所はこれを「一体成型印」と名付けましたが、これは印面と軸が一緒に作られるからです。

　世間では、ハンコは今も彫刻刀で彫られるものと考えている人が少なくないでしょうが、知り合いのハンコ屋のご主人は、「いまどき、そんなのないよ」と言っています。なるほど昔は、店先でハンコを彫っている主人の姿を見ましたが、今日では、ハンコ屋さんの店先には三文判を陳列したハンコタワーが置かれているだけで、ハンコを彫っている人の姿は見かけません。ハンコ屋さんが注文を受けたハンコは、ロボット彫刻機などで作る岩間の注文印専門業者に依頼しているそうで、受注を仕事としてハンコ屋さんを廻り歩くのが専門の人もいるそうです。

　印面が同じ同形印顆《いんか》が大量生産されている今日、印影から同じハンコで押したものかどうかを問われても、印面に先天的な特徴がない限り、答えを出せないのが現在の印章鑑定ということになりましょう。

第六話　コンピューターが音をあげた筆者識別の試み

将棋や囲碁の世界では、コンピューターの頭脳は人間以上と言われます。それなら筆跡による犯人の絞り出しもコンピューターでできるだろう、と考えたのは警察庁の刑事局でした。警察庁には膨大な量の指紋原紙や手口原紙などの犯歴カードが保管されていて、カードには犯罪者の住所と氏名、異名などの自筆の筆跡が残されているので、それをコンピューターに登録しておけば、犯罪現場に残された遺留筆跡とコンピューターの筆跡を比べて犯人を絞り出すことができるだろう、との考えだったようです。

指紋ではすでにそのようなシステムが稼働していて、以前は大勢の職員による人海戦術で、犯罪現場の遺留指紋と一致する指紋を目視で選び出していましたが、今は遺留指紋と一致する指紋がコンピューターによって短時間で選び出されています。指紋と同じような検索を筆跡でも、というのが発案した人の考えだったようです。

試してみることになって、コンピューターによる筆者識別の研究を任されたのが、科学警察研究所（以下、科警研）でした。ここならできるだろう、ということだったようです。科警研の文書研究室が最初に手掛けたのは、文字をコンピューターに読み込むことでした。スキャナーからコンピューターに文字を読み込むことはできても、それが何という文字かを見分けることが最初の仕事です。

筆順の原則に従って文字ごとに読み取りの定点を決め、定点を追って字画の向きや長さを求め、文字の骨組みを把握して読み込んだ文字が何という文字かを知ることにしましたが、常用漢字だけでも二千字余りあり、それに人名漢字も加わるので大変な作業です。この文字の読み込みには、大型のコンピューターと読み込んだ筆跡の保管場所が必要です。九段の科警研の近くにあった、ファコムファイタック社の協力を得て、大型コンピューターで読み込んだ文字を一二インチのCDに保存しています。先のシステムで文字が読めても、それと一致または近似する文字を膨大な犯罪者の筆跡の中から抽出する本題が残っています。ですが、これは専門家にお任せするより手がありません。

ファコムファイタック社の専門家が作った検索システムが、筆者識別アルゴリズムでした。文字の読み取りから識別アルゴリズムができるまでに、すでに四年の歳月が流れていましたが、さて、検索の結果はどうだったでしょう。「夫」や「子」などの骨組みが単純な文字では、該当するものが多く検出されて絞り込みになりません。〝へん〟や〝つくり〟など、部首の組み合わせがある文字ではどうでしょう。新たに部首を優先し、字体を分類してから個々の文字を識別するアルゴリズムを作って、祈る気持ちで試してみましたが、最も絞り込めたものでも、対象が七名も選別される始末でした。容疑者が七人もいたのでは捜査の範囲が広がるばかりで、絞り込みの効果がありません。指紋は万人不同、終生不変ですから、個人の特徴を利用して絞り込むことができますが、筆跡には個人内変動がありますから、変動の範囲内にいる人は全部選び出されてしまうのです。特に、はね、はらい、続け書き、字画の曲直と長さの変化などの影響は大きくて、それらは一人の人の中で幾通りにも変わりますから、指紋のように特徴で絞ることができません。

　五年の年月をかけて、大勢の人の協力を得た試みですが、結局、コンピューターによる筆者の絞り出しは不可能、が結論となってしまいました。コンピューターによる筆者識別の研究は中央大学理工学部の杉山教授が、警視庁科学検査所の倉内技師とともに行っていましたが、ここでも「字画のカスレやニジミ、濃度差をはじめ多くの問題があることがわかった」というのが結論でした。

この種の問題については、ほかの会社や業界でも研究が試みられていますが、どこの研究でも越えることのできない問題が明らかになっただけで、いまだに実現していないのがコンピューターによる筆者識別です。

「コンピューターによる筆者識別、ヒントはよいが無理がある」が、手を染めた人たちの結論です。

おわりに

　科学警察研究所在任中の三十九年間は、東アジア反日武装戦線による連続企業爆破事件や内閣総理大臣・田中角栄の贈収賄にまつわるロッキード事件をはじめ、ＦＢＩから依頼があった日本赤軍の米国への不法入国事件、〝ジャパゆきさん〟の偽造パスポート事件、各種の偽造通貨事件など、世間に大きく報じられた刑事事件。

　退官後の二十七年間は、全国の裁判所や支所から命ぜられた、疑わしい遺言書や離婚届、あるいは契約書や念書などの民事事件の鑑定で、長い年月を文書鑑定ひとすじに過ごしてきましたが、その間に「文書鑑定とはどんな仕事ですか」と尋ねられたことも、二度や三度ではありません。

　筆者は誰かを見分ける筆者識別や、紙に押されたハンの真偽鑑定などは世間に知られていても、筆跡の中には、他人の筆跡をまねた模倣筆跡や自分の筆跡を隠した韜晦筆跡があり、それらのほかにも、文字を消した痕跡や消された文字の検出、コピーや

ＦＡＸ、感圧文書、あるいは銀行券をはじめとする偽造印刷物の印刷方法や真偽鑑定、そこに使われているインクなどの色材の検査などがあって、文書と名の付くもののすべてを扱っているのが文書鑑定です。

本書の内容は、著者が刑事事件や民事事件で扱った数々の鑑定の中から一部を拾い出したものに過ぎませんが、文書鑑定の内情をご理解いただけたでしょうか。鑑定は事件を解きほぐすための裏方ですが、刑事事件では、捜査の水先案内人を務めることにもなります。

人の生活と文書は、ひとときも切り離すことができませんが、世の中の文書にはニセ文書も潜んでいます。本書をお読みいただいた皆様が、それらに巻き込まれないよう、心して過ごされることを願ってやみません。

二〇二一年十二月　吉田公一

吉田公一

よしだ・まさかず……1931年群馬県生まれ、1953年東京写真短期大学（現東京工芸大学）卒。国家地方警察本部科学捜査研究所に入所。警察庁科学警察研究所文書研究室室長兼法科学研修所教授、同附属鑑定所長を歴任。1975年から1977年まで、警視庁科学検査所文書鑑定科長。1990年オーストラリア・クイーンズランド州警察本部へ出向。定年退職後、1992年吉田公一文書鑑定研究所を開設。日本法文書鑑定研究会会長、全国の裁判所からの鑑定を受命（1992年～2019年）。鑑定歴に連続企業爆破事件（1974年）、ロッキード事件（1978年）、大韓航空機爆破事件（1987年）などがある。主な著書に『文書鑑定人の事件ファイル』（新潮OH！文庫）、『筆跡・印章鑑定の実務』（東京法令出版）、『ニセ札鑑定人の贋金事件ファイル』（主婦と生活社）などがある。2019年に瑞宝双光章を受勲。

デザイン　大塚さやか

校　正　滄流社

編　集　永田智之（主婦と生活社）

暴く者 暴かれるモノ

文書鑑定人の極秘事件ファイル

著　者　吉田公一

編集人　永田智之

発行人　倉次辰男

発行所　株式会社主婦と生活社

〒104-8357 東京都中央区京橋3-5-7

編集部 TEL03-3563-7520

販売部 TEL03-3563-5121

生産部 TEL03-3563-5125

https://www.shufu.co.jp

印刷所　大日本印刷株式会社

製本所　大日本印刷株式会社

ISBN978-4-391-15715-4